唯信

心道大和尚
水陸開示集

—釋心道 著

在生命流轉中
不一樣的是
不同的命運
不同的發生
一樣的
都是苦
都是變化無常
不一樣的是
不同的愛別離　怨憎會
但一樣的都是
心的造作
萬法　唯心所造
水陸　唯信能入
無我的給　相續的給
願　一切有情獲得安樂

緣起序

靈鷲山水陸法會，自一九九四年八月二十二日於臺中體育館首場啟建開始，轉瞬間已然過了二十五個春秋，心道法師出家前紋在身上那一字一句的「悟性報觀音」、「吾不成佛誓不休」、「真如度眾生」，經過歲月流轉，刻記著悲願的心仍刻記著悲願的心仍堅定不退，腳步始終踏在度眾離苦的道途中。和尚在水陸法會啟建後，年復一年，傾盡心力不間斷地每月舉行圓滿施食、每年續建水陸法會，為的是塚間修時對六道眾生輪迴苦的體悟，以及誓度六道幽冥眾生脫離輪迴、往樂的承諾。人生的苦，各有不同面貌，曲折離奇，也各有它不可思議與無法理解之處。和尚的俗家故事也是這樣的，縱然出家以後，前塵往事已過，但它是一個佛法志向的源頭，是被面對與放下的起點。

心道法師祖籍雲南，出生在烽火四起、戰亂頻仍年代的緬甸臘戌，有父母、有手足，生活條件十分艱苦，因為動盪不安的年代，他失去了父親，與母親手足離散，在緬甸的人生，寫著流離。十三歲時隨著孤軍來台，一個少年，看盡生命的無常，十五歲聽聞觀音聖號啟發了悲願，從此決心奉獻自己於聞聲救苦、普濟群生的修道生涯，於二十五歲出家。

之後在墳場塚間與深山洞窟僻靜處修持頭陀苦行十餘年，靈山塔塚間修行，經常日見亡者入土家眷悲哭，每每對於生死有著深刻感觸。某一夜，靈山塔外淒風苦雨，孤寂破落的塔被籠罩著。和尚一如往常用功打坐，突然間，一陣陣嚶嚶的啜泣傳來，即使在蕭颯的風雨中，依舊能清楚地捶擊聽聞者的心弦。那個哭聲愈發淒愴，哭著坎坷，哭著心酸，縱然不知生前事，聞聲也足以教人肝腸寸斷，心生悲憫，泫然欲泣。哭聲久久不絕，教人心慌意亂，不知所措。和尚循聲而去，才發覺是從安置骨灰的地方傳來，巡視一遍，聲音卻消失了。

和尚回到原處打坐，才坐下，飲泣聲又起，聲聲悲涼，令人痛心。於是和尚持起〈大悲咒〉，咒還沒有念完，哭泣聲已乍然消失。雖然不知哀哭者為何而苦，但是可想而知，在靈山塔裡，必然還有不少像這樣仍在苦海掙扎等待超度的眾生。和尚的悲憫心被深深地啟動了，他感受淒苦眾生尋求解脫的想望，渴求能夠依靠三寶，因此，和尚發願今生一定要度化他們，每天念《金剛經》回向他們離苦得樂。這是心道法師後來在靈鷲山主持圓滿施食法會，以及每年農曆七月水陸大法會的悲願緣起。

靈鷲山無生道場大雄寶殿在一九八四年的觀音成道日開光，和尚開山演教，立慈悲與禪為宗風，以觀音法門與塚間實修的大悲願力接引有緣眾生，六度萬行菩薩道，並且實踐對眾生的允諾，不間斷啟建如法如儀的水陸大法會，成為海內外四眾弟子的年度大共修，不僅在桃園舉辦，也有獨性水陸在香港及新加坡舉辦。

靈鷲山水陸空大法會秉持悲願、嚴謹、平等的精神，為了讓功德主能夠謙卑禮懺，滌淨一年的障礙，成就福慧善果，在正式啟建之前，會先行圓滿五場水陸先修法會，並將殊勝功德普皆回向。常住法師更在前一個月，預先持誦水陸法會各壇所需持誦經典四百二十七部，這是靈鷲山水陸法會的創舉。正式啟建時，則遵循古制依照時辰、典制，一切供品、壇城佈置擺設，都極盡莊嚴清淨，用最謹慎的態度盡心達到如法如儀的境界。宗蹟《水陸緣起》有云：「今之供一佛、齋一僧、施一貧、勸一善，尚有無限功德，何況普遍供養十方三寶、六道萬靈，豈止自立一身，獨超三界，亦乃恩霑九族。」靈鷲山水陸法會每年都為當年不分國界地域重大災難的罹難者立大牌位超薦亡靈，體現眾生平等愛無國界的心。

佛法如雨，熄滅火炙，一身清涼，便能出脫輪迴，離苦得樂。水陸法會是心道法師本著無緣大慈、同體大悲的菩提心，弘法利生的平台，也是對少年時「悟性報觀音」、「吾不成佛誓不休」、「真如度眾生」悲願的實踐。從俗世所見所聞的戰亂流離之苦，到塚間修行所感悟到的生死無常、輪迴不已，都是啟建靈鷲山水陸法會悲願的映照，期以佛法廣揚，度化眾生，共創華嚴聖境。

目錄

第二章 內壇開示

第三章 先修法會開示

第四章 志工開示

在生命流轉中

不一樣的是
不同的命運
不同的發生

一樣的
都是苦
都是變化無常

不一樣的是
不同的愛別離　怨憎會
但一樣的都是
心的造作

萬法　唯心所造
水陸　唯信能入

無我的給　相續的給
願　一切有情獲得安定

第一章
梁皇壇開示

2007

學佛難得

學佛很難得。並不是每個人都有深植的善根可學習佛法，佛法最殊勝之處，在於它一路可以種下善因善緣，誦經、服務奉獻、懺悔、念佛、持咒、打坐，讓我們的內心常常是清淨、和諧、慈悲，總在三善道當中。因此學佛，就是有福！能夠學佛，我們需要珍惜。

水陸法會是提供我們修法、報恩、禮懺最好的金剛聖地，我們應當去除在家的散漫心，專心禮拜佛，以如法如儀的心態，與佛結緣。進入到水陸法會最重要的梁皇壇，大家要感恩、懺悔，好好做功德，雖然在壇場的時間短暫，但是都能擁有佛的知見，這是累積福慧資糧的好時機。

我們要發願生生世世做佛的眷屬，繞佛、拜佛，依止真理，避免讓自己和他人因觀念的錯誤造成諸多煩惱，讓大家吃苦。就好像一個家庭，需要有一個共識，以愛這個家為出發點，和諧共處。當我們與佛的觀念一致，培養正知正見，自然就煩惱不生。跟隨佛的好處，就是入佛知見，得到佛的智慧，快樂離苦！

平常我們可以透過念佛、念咒、聽經、禪修，慢慢淨化自己，去除我執，修行空性無我。也可以透過拜懺，身心靈就會慢慢的清爽，與人之間少掉很多的罣礙與障礙，生活自然愈來愈感覺順心。

最後，希望大家常憶念師父的法，時時精進自己，平日可由《大悲寰宇》了解〈大悲咒〉的作用，由《觀生死即涅槃》了解師父如何透過苦修體悟到真正的佛法精髓，由《山海天人》去溫習師父的佛法要義，希望對大家學佛有所助益。

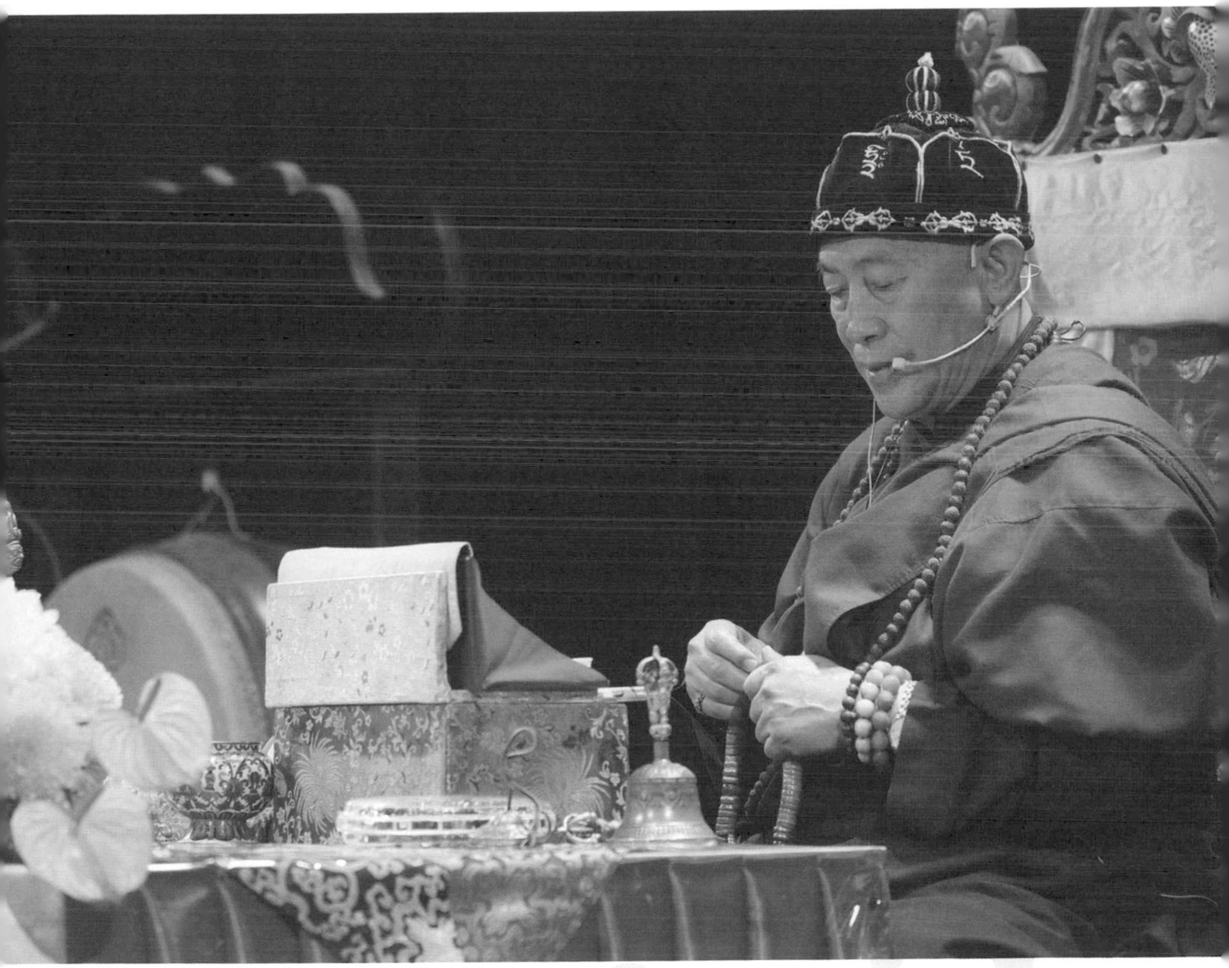

2008

緣起成佛

水陸法會中，最重要就是發起我們的慈悲心，利益我們累劫累世的父母、祖先、冤親債主，讓他們能夠消除地獄、餓鬼、畜生，三惡道種種的痛苦，轉生善處。同時我們每一個起心動念都要時時刻刻替別人著想，不能自私。我們的福氣，就從體貼別人、服務別人、奉獻別人、付出而來，人緣就是解冤解業。許多得道高僧都曾推動水陸法會，如：虛雲老和尚、金山活佛、印光大師、佛印禪師，水陸法會可以廣度三惡道的眾生離苦，因此不只我們，許多看不到的眾生也歡喜來參與，一起來得超度。

過去金山活佛在做水陸法會時，原本坐在臺上，後來卻與信眾一起拜，信眾感到奇怪，問他緣由，他說：「很多鬼道眾生，他們站得直直的，人家拜，他就不拜，因為不知道要拜。」水陸法會是要度脫鬼道眾生離苦的，如果不跟著拜懺，便失去一個出離的機會，金山活佛因此帶領鬼道眾生齊拜，因為鬼道眾生只認金山活佛，其它的看不清楚。

我們也是一樣，參與水陸法會，都是因為慈悲心，希望能對歷代祖先、冤親債主做最好的布施、感恩，既是造福也是消業。實際上，一切的緣起都要感恩，念念緣起都是覺悟，每一念的緣起，就是一個覺悟的契機。每一個念頭、每一個緣，都會變成一個佛，這叫「緣起成佛」，所以每一個緣要種下菩提因，未來才能夠成佛，我們啟建水陸法會就是這個原因。

靈鷲山的水陸法會連續啟建了十幾個年頭，這是不容易的殊勝因緣！感恩佛給我們這條普度眾生的明路，再感恩眾生成就這個因緣，還要感恩無量的因緣環扣，歷代祖先、冤親債主使我們發菩提心要成佛、而他們更要成佛，彼此環扣，就能夠良性循環。最後感恩自己能有這份覺醒的心，才能夠參與這個法會。

我們進入水陸法會修行的七天當中，一定要虔誠精進，放下一切，真誠的體會、真心的懺悔。水陸最重要就是梁皇壇，我們是用懺悔跟布施做解冤解業的環扣點，沒有梁皇壇，水陸法會就不成形了。這個「懺」，聖潔洗滌我們的靈性，讓我們清爽、乾淨、寬廣、有愛心。

在做齋供佛事的時候，齋主要歡喜供養、懺悔禮拜，志工們要歡喜服務，法師們也要歡喜地念經，大家歡歡喜喜的，去除一切障礙，成就一切的菩提。大家難得來到水陸法會，要能夠歡喜的與佛菩薩、六道眾生共聚一堂。一懺一拜的時候，就會感覺到六道眾生共聚一堂，共同轉識成智，共修去惡生善，轉一切的厄運、得一切的善法。

十多年來，我們一起在水陸法會中，以真誠的懺悔洗滌自己的心，以愛心來關懷臺灣社會問題，也關心海外各國，以平等無私的心，為法界眾生祈福超薦，祈願能消弭地球災劫。啟建水陸法會不但自利，而且利他，行菩薩道度一切眾生，讓他們離苦得樂，因此人生是有意義的，生命充滿喜悅。

2008

學佛成佛

今生最重要的課題，就是要面對生生世世的恩怨，懺法可以解開彼此怨結，增加好緣，更可以讓我們修行的成果快速圓滿。我們在輪迴中無法自己控制自己的去處，因為輪迴是循著我們生生世世儲蓄的記憶種子，也就是第八識而定位的。前五識是眼耳鼻舌身，第六識是睡眠時意識活動。我們在睡夢中可以看到諸多影像，夢裡的影像就是我們儲蓄的記憶，當我們死的時候，就像作夢一樣，很多事情沒辦法做主，會看到不同的景象，可能是歡喜的，可能是悲傷的。

因此我們要趁現在修「種子」，修「記憶體」，把每個念頭都導向正確方向，念正自然心正，行為也會因而改變，不行邪事。所以不要自私，利己之外也要記著利他。學佛常懷感恩，你會覺得每個人都給你最好、幫你最多，結下好緣，你也願意回報。我們的記憶體修正成好的、善的，痛苦的輪迴就漸次超脫。

其實一切擁有，都是無常且短暫的，如同生命，擁有也不過短短的數十年，甚至更短，身體的老化或病感會告訴你，一切無常。生命已是如此，況乎我們在世間所擁有的財物、美貌？時間到了，一切都要變。生命就是成住壞空，形成了，安定了，頹壞了，最後盡成空。我們學佛法，一定要瞭解世間成住壞空的型態。至於人的想法、念頭，則是呈現「生住異滅」。生了以後就住，住了之後就變異，然後就滅。我們既知一切無常，就不要跟無常產生很大的感情，一有感情，一生貪戀，就變成業障，業障丟不開、捨不得，就開始產生煩惱。學佛法，懂得「成住壞空、生住異滅」是不可得，才會快樂。如果我們現在沒有辦法建立不可得的觀念，可以學習念佛，久之我們的念頭就不會貪執一切現象的變化。

佛給我們一條解脫生死輪迴之苦的路，叫做修行：第一種方法是修行證悟，開悟成佛；第二種方法是前往極樂世界，我們可以花時間念佛先到極樂世界，再好好修行；第三種是發願成佛，成佛的種子叫菩提心，發願成佛的這個念頭就是「發菩提心」。只要發願成佛，我們可以究竟離苦。成佛要花三大阿僧祇劫的時間，佛有做過鹿王、象王、人王，每一生都是犧牲自己，來讓他的同伴得到最好的利益，所以，菩薩道每一生都要自利利他，發菩提心成佛。

成佛是一切臻至圓滿，不再受輪迴之苦。我們學佛就要成佛，善業一生起如燈不滅，一直照亮眾生離苦得樂的路；慢慢走菩薩道，成佛的種子就種好了，希望大家生生世世都能珍惜生命來成佛。

2009

攝心淨化

我們籌辦水陸法會，就是提供一個最好的場所來共修佛法，大家歡喜供養與服務，真心誠意地懺悔、禮拜、誦經，盡心地參與每一場佛事。這是一年一度轉化因緣的最佳時機，因為十方三世法界的四聖六凡都被邀請到水陸大齋勝會來。大家要先把自己的身心調整好，先做自身的灑淨，內在的壇城清淨，外在一切的因緣也會隨著清淨；清淨的身，就是培養好體力，齋戒茹素，守好五戒，我們的身口意，要戒慎清淨來做超度，以及行菩薩道。清淨的心，就是要在法會開始前多持咒、誦經，長養內在如阿羅漢、外在如菩薩，這樣一顆無畏的大悲心。淨化身心後，開始淨化外在的壇城，灑淨的儀式，就是給出清淨的空間，為一切眾生帶來潔淨的能量與無窮的希望。

靈鷲山保留以前所留下的儀軌，嚴謹地依照古法，奉請諸佛菩薩降臨普照，龍天護法護持，使六道群靈、各路無主孤魂，都能夠因為法會的功德力解開冤結，沐浴於水陸法會的清涼法味中，就連地獄、餓鬼眾生也都有機會可以受幽冥戒，聽經聞法，獲得加持，進而轉化業緣，未來能夠到好的地方去，增上因緣。

我們的志工每年將整個巨蛋打掃清潔，然後藉著佛菩薩的加持力，區隔出一個淨化的金剛壇城，來進行盛大的水陸佛事，以佛菩薩的無量慈悲來灑淨，洗滌了一切有形無形的污濁，以法語甘露潔淨每一個角落，再由灑淨儀式與四方上下土地龍神打招呼，表示這裡即將進行我們的水陸法會。

《維摩詰經》說：「心淨，則國土淨。」身處於水陸法會的諸多佛事中，因為專心在水陸儀軌，更能攝心而淨化。從灑淨儀式開始，就代表法會正式啟動，直到圓滿送聖，希望你們大家有始有終地參與水陸七天每一堂佛事，洗滌、懺悔，就有轉換力。

2009 懺悔解碼

梁皇壇主要就是懺悔，懺悔我們內心的記憶，生生世世產生的恩怨都記在我們的潛意識裡，為我們的輪迴串成一個生命流程，我們今日的所作所為，就是未來生命，過去所造種種就是現在生命，我們的記憶跟全宇宙的眾生是串連在一起的，所以我們跟全宇宙眾生有很大的關係，生生世世做人也好，做任何的眾生也好，都有父母關係，兄弟、姊妹關係，夫妻關係，有種種生活架構的關係。

現在，我們的六道群靈、歷代祖先，都在這個水陸法會空間裡，此時此刻，要以真心去做「自心懺悔」和「助他懺悔」，懺悔真誠就會感動，感動就會哭泣，潛意識的記憶就能剝落。大家參與水陸一定要真心地懺悔，才能把這些千百年累積、深埋在記憶體裡的潛意識消除掉，懺悔過去惡的記憶。我們累生累世的父母、兄弟、姊妹常常是交換的，有時是父母、兄弟、姊妹，有時是夫妻，有時是敵對的，因愛生恨而仇殺，就變成了敵人。在這種記憶生命裡，我們叫做六親眷屬、歷代祖先、冤親債主。我們要把內心這些記憶做解碼，而水陸就是一個很好的解碼儀軌。

2010 業力願力

這個世間苦空無常，凡事都不會過於長久，受苦時覺得日子特別漫長難過，然後快樂一下，轉眼又是苦日相接，這種甘苦不斷、輪迴相接的日子是讓人感到恐怖的。不僅是我們，整個世界的一切生命都在輪迴，因為記憶，所以輪迴。就好像不同的花，每年在因緣聚合下綻放，由於記憶是種子，它會讓生命記憶輪迴重生，重生是我們的業力，它會記錄下來，在未來的生命裡呈現，因此我們要淨化記憶，將不好的記憶懺悔，轉換成清淨的。

對一切的眾生，我們不應該傷害，一切眾生都有記憶，好的壞的都會儲存在記憶裡面，彼此之間的連結互動，從這一生延續到下一世，因此我們要種福田，學習觀音菩薩的愛與慈悲，懂得喜捨，才會收成福氣的果實。

其實每個人都有覺性，在覺性裡本有業力存在，人與人之間生生世世的記憶體連結成一個大記憶網絡，互相環扣、互相聯盟，也就是說，每個人之間都有恨、有愛，交織成複雜的記憶體，善惡串在一起，呈現一種討債還債狀態。我們想轉業力變成善業、變成願力，怎麼轉？只要你發菩提心，業力就變成願力，

願力就可以成佛。每年水陸都是聽法薰陶的好時機，把我們的習氣和慣性慢慢轉換成為願力，堅固我們的菩提心，願力成佛，這就是學佛的價值。

2010

清淨種子

學佛要從三皈五戒開始，三皈就是皈依佛法僧三寶，我們要重視這件事。人生是苦的，經常為了老病死受身心折磨而煩憂，更常因為貪瞋癡慢疑，諸事計較而心中不悅，徒增煩惱。一入輪迴，或成魚、蝦、鱉、飛禽走獸，又或成為人，卻各有無法出離的困擾。比如：我們常覺得動物小，而自生優越感，受到小動物侵擾時，就傷害牠們，其實再微小的生命，都是眾生的一環，我們應該幫助牠們三皈依，讓牠們種下善的因緣，未來可望轉換生命形態。

佛、法、僧，三寶是我們的正念。佛，就是靠覺醒力懺悔，覺醒了、知道了、瞭解了，也就不去執著煩惱。法，也就是方法，指的是經、律、論：「經」是路，「律」是我們要守的規矩，「論」就是幫助我們更深層的瞭解經。我們覺醒要有方法，在我們痛苦、煩惱的時候，要找法來解決，除滅痛苦，達到覺醒的大智慧。僧，就是善知識，是我們的法師或學法伴侶，陪伴我們去實踐法，而達到覺悟、而達到成佛。

三皈依就是種子，使命目標是成佛，不迷失於輪迴。五戒就是戒「殺盜淫妄酒」，清淨之後可以止息惡的循環，接著持菩薩戒。皈依是善業，守五戒是自利，持菩薩戒是利他，學佛之路就是要自利利他，用願力乘載，讓我們生生世世不墮落。

要修成是不容易的！若我們生生世世累積，精進行菩薩道，便會有成績，每一生、每一世鋪善業的路，我們會愈走愈寬廣。在水陸裡，可以累積我們的福慧資糧，福來自於服務，慧就是多聽聞佛法，讓自己內心的疑惑可以打開，讓我們的心結可以解開，再者是要實修，沒有修行的體會，我們都是隨著業力翻滾。

2011

耕耘善業

五戒是我們學佛的根本人格：

一、不殺生：尊重生命，這是人基本應有的習慣，每種生命都是陪伴我們的，讓我們的生活有趣，所以我們要慈悲一切，愛護一切，尊重生命。

二、不偷盜：人跟人相處不能起貪念，一起貪念就種下惡種。對於別人的富有，我們不起貪念、生嫉妒，今生的富人來自於過去世種下好的種子，做了許多布施，而有今生的福報，若今生他不懂得布施，來世也會落入窮困的境遇。在當下，富有的人應布施，不富有的人可以勤做服務。我們只要一心想著幫助別人，培養愛心，也是為自己種善種。尊重別人，不要有侵占的盜心，劫取他人所擁有的，比方說：搶奪他人情感、事業都算是盜。

三、不邪淫：人跟人之間必須擁有不邪淫的品行，彼此尊重，如果邪淫當道，社會就會亂成一團。對於小孩，我們也應給予如同大人一般的尊重和權利，這些小孩長大之後一樣是要為人父母，成長過程中的身教言教是重要的，品德的教育以及人格的培養，都關係著世代傳承什麼樣的道德風氣。

四、不妄語：每個人都不會希望在生活中遇到騙子，都會期盼遇到誠懇實在的人，既是如此，我們便不應該去騙人、說謊。

五、不飲酒：臺灣酒駕事件很多，誤人誤己，常有生命因為飲酒一時的放縱歡愉而消失，最多的是交通的事故。一個生命的殞落，造成一個家庭的破碎，造成他人傷害的一方，也會因此而遭受刑責，影響家庭幸福。要避免這些憾事最好的方法，就是不飲酒。

五戒若能守住，可以讓我們的社會和諧利樂。這些基本的內涵，我們都要慢慢地養成習慣，身為佛教徒，一定要讓自己能夠去貫徹實踐才能利他。人身難得，應該把握此生的因緣，做到一個最基本的人間菩薩，守好五戒規範了自己，也讓這個社會更安全和諧。在三皈依之後，我把二十一天閉關的功德回向給大家。大家要常常皈依不忘佛陀，生生世世地跟隨。

佛法是願一切眾生成正覺，願一切眾生都能夠成佛。成佛是究竟離苦，縱然有苦，也很平常。學佛成佛要真的學，平常就把佛做的事情學好，把菩薩做的事情學好，把羅漢做的事情學好。羅漢是不生不滅的本性，不起煩惱的性格，沒有瞋，沒有恨，沒有怨，這就是阿羅漢。然而，這並不是修來的性格，而是我們每個人都具足的本性，只是我們染上了很多不良習慣，遮去了原本不起煩惱的性格。而菩薩就是樂意助人的樣子，有救苦救難的愛心，一天到晚為別人不為自己，時時刻刻只有別人沒有自己，因為菩薩要讓眾生能夠成佛，眾生成佛祂就快樂。菩薩就像母親一樣，希望每個孩子好，希望眾生都樂善好施又能夠利他。期許大家都能培養自己做羅漢、做菩薩。這是簡單的佛法，但是意義很深遠。

2014

轉凡成聖

多年來師父有個心願，就是能夠帶領徒弟修行佛法，用自己的修行經驗分享成佛之道，因此整理出四期教育。四期教育的內容已蘊藏三藏十二部，佛說三藏是律藏、經藏、論藏，一般必須花費多年時間才能讀完，想要從中抓到方向融通成佛之道，也茫然不可得。因此，我整理四期教育，帶領大家全方位的學習，是轉凡成聖的關鍵學習。

四期教育，分為阿含、般若、法華、華嚴四期：

阿含，就是原始佛教，泰國、緬甸、斯里蘭卡的法藏叫做《阿含》，阿含藏，是從戒跟定裡面去學習的，思想行為都落實在生活裡面。在生活裡產生戒定，然後從戒定裡面長出智慧來，叫做阿含。阿含就是學佛的人具備的格，它是很生活化的佛陀教育。佛的原始教育方法比較實際些，不必思考太多，比較偏重執行面，這是佛法基礎。阿含主張我們修到涅槃，不生不滅，成就阿羅漢淨除諸煩惱的果。所以阿含著重止觀，實踐於生活日常中。

般若，是空性的學習。在阿含期我們是生活在一個框框、軌則裡面，在範圍內我們都很安全，只是長時間在一個固定框架中時，難免會有不靈通、堵塞感，這時就需要般若的空性學習，在密乘裡，叫做大圓滿的學習，如果學會空性，在一切法裡面就能夠自在，否則反被束縛住，因此在阿含後，要學習般若的智慧，也就是禪。師父一路修行都是以禪為宗，閉關苦修用的都是禪法，尤其在宜蘭靈骨塔苦修，之前回去閉關四十九天，每天誦〈大悲咒〉一千遍回向眾生，那裡的護法們說已等我三十年，我在那裡施食，又念觀音菩薩的〈大悲咒〉修觀音法給他們，他們非常高興與得到許多能量。

阿含和般若是基礎教育，前者是緣起性空，後者是性空緣起，學好這兩個，我們用空性智慧和止觀功夫發起菩提心、做菩薩，願成佛度眾生。

發菩提心就進入法華期。法華就是佛授記給大阿羅漢，阿含修到不生不滅，住動天地，便得佛為之授記，只是原有 千兩百五十人跟隨著佛，進入法華時，已剩下五百羅漢，像是迦葉、舍利佛、阿難，佛都給予他們授記，授記他們未來佛，自今開始多少億劫以後成佛，佛的名號、住的劫數、國土名，都清清楚楚。授記之後發菩提心度眾生，生生世世不怕輪迴。因此法華期就是瞭解如何發菩提心、鞏固菩提心，做一位具格的菩薩行者，這些都是需要經過學習的。

法華既是授記成佛，當發願成佛之後，要思考的是何謂佛，佛所展現的世界是什麼，於是我們進入華嚴期，因為佛所展現的世界就叫做華嚴世界。華嚴世界是一個種子的世界，多元的世界，相依相存的世界，相因相果，因果同時存在，簡而言之，華嚴就是多元共生、相依相存。佛的華嚴世界，是一個大聯盟、大合作，缺誰不可的相互依存空間。

學佛是有一個流程的，四期教育就是成佛的流程教育。阿含的重點在落實戒定生活，培養基礎的人格與僧格；般若是禪的實踐，著重培養空性智慧；法華是菩提心、願力的生起；華嚴是相互依存、多元和諧，生命共同體的一個呈現。我們從阿含期的學習，到般若的解脫，接著發菩提心，到達成就佛果。如果大家能夠用心學習，便得到三藏十二部濃縮精華，是親近佛陀最短的距離，這是師父閉關多年得的心得，回饋給大家。

2014

王子供養

回到灑淨的意義上，打水陸時，心態虔誠、嚴謹，灑淨後時空清淨，淨念相續，不為妄念所劫。灑淨就是一個道心的保護網，清淨的心與環境，讓大家能夠生起堅固道心。在這個莊嚴神聖的壇場裡，不戲論，只要用功精進，此時此地就是極樂世界。相信大家每年到此都能體會，來到這裡煩惱都消失，在善業的連結之下，身口意自然也容易清淨，連結佛菩薩空性的快樂。我們要讓參與水陸，成為生命大學習的機會，不要浪費時間，珍惜讓自己身語意清淨，好好的懺悔、齋供，心中每一個念都是美好的供養。

佛陀時代有個故事，尚未成王的阿育王在佛鉢裡供養沙子，於是後來變成國王，因為沙就代表土地的意思。在佛的道場就要供清淨心，供養善業，供養身語意的三好、五德，三好就是：身好、口好、意好。五德：正面、積極、樂觀、愛心、願力，對每一件事情都要正面，積極不要消極，樂觀不要悲觀，擁有愛心且奉獻愛心才會快樂，自利然後記得利他，要有願力遍灑快樂，讓人人離苦得樂。

2017

開悟生活

實踐靈鷲山六項生活原則，生命會呈現美好：

一心，學佛最重要的東西，叫做涅槃妙心，心是不生不滅，沒有現象，卻可以很開心、很快樂。守住不生不滅的真心，要去證悟、發現、懂我們的心。禪就是心，心能夠開悟，不生不滅，涅槃妙心就是真心，真心無相，所以它可以長久不死，會死的是有相的身體。靈鷲山就是禪宗的傳承，禪的傳承也就是心的傳承，心要開悟得坐禪。

二愛，愛地球、愛和平，愛，用慈悲展現，地球暖化危機迫在眉睫，我們應該簡樸生活，不要喜歡消費、浪費，多種樹，少污染，透過禪修讓心沒有紛爭，讓愛地球、愛和平的理念推動到每一個角落，全球都遍滿有愛心的人，讓地球永續、人類永續。

三好，就是講好話、做好事、心存善念，讓身口意都清淨，生命種下清淨的種子，為將來菩薩道的修行打下良好的基礎。

四給，菩薩道的服務系統就是給，把最好的給別人，給大家歡喜、信心、希望、方便。大家在此要慈悲喜捨，有觀音菩薩的慈：憐憫心，悲：拔苦心，喜：歡喜幫助別人，捨：不儲蓄慳貪。慈悲喜捨四無量心學起來，來成就一切眾生自在解脫，離苦得樂。

五德，我們要用正念去做每一件事，心保持著：正面、積極、樂觀、愛心，把師父愛地球、愛和平的大願推廣出去。

六度，首先是布施，要與眾生有一些連結，結善緣；持戒，就是守善；忍辱，在逆境中能夠忍辱獲得善緣；精進，用心學習佛法；禪定，常要把往外跑的心收攝回來，把心靜下來念佛、念法、念僧；般若，般若就是觀照，就是透視學，常常觀照一切現象都是無常、苦空，一切之中都沒有我，如此才能夠了脫生死、斷煩惱。只要持續實踐六度就能夠讓生命整體提升，形成一條成佛的導航系統，邁向清淨的成佛道路。

第二章

內壇開示

2006

威德寶篋印

一期一會，我們喜悅於能夠在這個水陸法會中重逢，特別是大家在師父閉關這一年間依舊堅固道心，證明自己對佛法的信心與對菩薩道的願力，成就了這個殊勝莊嚴的法界壇城。希望師父所有的弟子，都能以真誠、懺悔、奉獻的心，去實踐佛法，落實生命的成長。

心清淨就是結界。水陸法會的結界就是空性的結界、慈悲的結界、智慧的結界，也就是法報化三身的結界，如果具足這三種結界，當下就是佛。我們用一念真心來懺悔自身、超度亡靈、發願供養，以此功德回向給十方法界，升起大悲壇城。在這壇城中，大家要攝心正念、轉識成智、轉染成淨，不管在滾滾紅塵如何地翻滾、起落，都要用佛的智慧去觀照，用清淨心去轉化染污的心。只要真誠懇切，和合無諍，在這七天裡面，當下的一念清淨心，就能夠互動共鳴，帶動眾生離苦得樂，學佛、成佛的甚深因緣。

水陸法會，超越時間與空間，是一個「法身說法、報身莊嚴、化身無礙」的世界，這也是今年壇城所呈現「如來法報化三身」的意義，就是「寶篋印陀羅尼經咒塔」的威德力。佛陀宣說此經咒的因緣是：當時佛在應供途中，見到一塊廢土堆，佛頂禮且放光哭泣，因為廢土堆裡頭的塔，是具足無量福祉的源頭，佛憐憫眾生無知，把它荒廢當作蔽屣，錯失好的福氣因緣。

所以今天，我們把佛的法教拾起，就能生起無止盡福祉的寶、無止盡快樂的福。佛陀深知眾生不知佛塔乃是眾生福德資糧根源，所以宣說具足了一切如來全身舍利《寶篋印陀羅尼經》的無盡功德，凡是塔所在之處就是龍天護法加持的地方，災難不能損害，瘟疫、疾病不能侵擾，諸佛護祐、所求如願。

秉持恭敬的心去讀《寶篋印陀羅尼經》，只要有人看到塔形、聽到塔名，所有罪障都能消除，現世安隱，命終往生極樂。我們只要輕鬆、愉快地念這個經七遍，就可以往生極樂世界；如果有人死墮地獄、受苦無間，念此神咒七遍能生極樂世界；如果有眾生百病纏身，誦此神咒二十一遍，能壽命延長，更增益水陸法會的殊勝，成就理事圓融的法界。懺悔是最快的修行實踐，懺悔清淨後，我們才能夠用懺悔力以及清淨心進入內壇，圓滿供養二十四席，然後契入諸佛的一真法界，令三世諸佛及一切眾生歡喜。

2007

五輪轉淨

颱風來襲，大家仍然虔誠由全球各地來參加水陸，這樣精進的力量與發心功德，也感動龍天護法，將一切災殃轉為吉祥。透過大家的信心，主法和尚的觀想，法界三寶無不周遍，壇城中具足佛的法身，經典所在的如來報身，具德的主法和尚猶如佛的化身，所以天人都會護持。我們再將上下四方虛空結界，藉由真言、密咒觀想，莊嚴、清淨，勿使邪魔有所干擾。

結界灑淨，是以觀音菩薩的大悲心和毗盧遮那佛的灌頂光加持後的法水，遍灑壇城內外，甘露水淨化整個空間，淨除與會者內心的五毒，止息熱惱，如同天龍八部降下的甘露法雨，潤澤大地眾生，在這一灑一沾中，六根皆能清淨醒覺，不清淨者皆清淨，邪魔謗三寶者皆發道心，一切若障若謗都能夠生起正念，而蒙受普度。我們在世間有貪、嗔、癡、慢、疑種種雜想意念，透過灑淨能洗滌雜染心，將不淨的垢染淨化，回到原來的自己。其實我們每個人都具足了佛的本性，卻因為妄想和執著，離開佛的光明自性，只要在壇城裡發心讀誦、淨化、轉化，我們就能找回覺性。

每一年我們可能會有不同的壇城設施，喚醒大家趨向覺悟的境界，並且加持大眾獲得壇城世界的利益成就，讓法界意識能夠匯集能量，成就「唯心淨土」，也就是「寂光淨土」。這次壇城設有五輪塔，可以消弭一切的障礙，地水火風空五輪，上面都有咒語，意義是和諧、不衝突。五輪塔出自於《一切如來心秘密全身舍利寶篋印陀羅尼經》以及《阿彌陀經》，前者是講佛的法報化三身聚集，後者是佛講此經時十方諸佛都讚嘆。在多災、多劫、多難的世界現狀下，以《一切如來心秘密全身舍利寶篋印陀羅尼經》的咒輪塔，來消弭世界的動亂不安與災難。

2009
照破黑暗

這一生我與大家結緣，真正想要做的就是「令眾生得離苦」。眾生想離苦，就要依靠一念善心與佛菩薩的願力相應，否則只有等待業報受盡才能離苦。我們即將進行的結界儀式就是連結每個人的念念善心，建造一座跨越時空、清淨無染的「金剛壇城」，而能夠轉換這個世代的惑業，共同開啟我們的善心，連結我們的善緣。希望大家把握這一次水陸大共修，好好守著自己的心，持戒、精進，以清淨的身語意於二六時中，念佛、念法、念僧，念一切的有情。在時空交錯的靈性世界中，自他交換，連結無盡的善緣，形成盡虛空、遍法界的慈悲結界。

水陸法會啟建至今，靈鷲山的四眾弟子始終依循著「慈悲與禪」的宗風，實踐「傳承諸佛法、利益一切眾、共創愛與和平、地球家」的使命，多年來雖然艱苦，但我們的信心愈發堅固，我們的願力也愈發增長，並能以「正面、積極、樂觀」的精神，承擔利他服務的傳承工作。

靈鷲山的「慈悲」是以禪的觀照智慧來顯現慈悲，以慈悲來顯現禪的光明與解脫。面對世間苦難無常的境相，更是堅定正念，精進於佛陀的教導，時時提起觀照、深信因果、守護身口意。以禪與智慧的菩提心，來脫離輪迴、了脫生死、離苦得樂。我們讓一切眾生能夠醒悟而離苦，以苦為師，成就自己的道業；以體驗無常，走出苦海。「禪」，是開發智慧的通路，從覺照自心來利益更多眾生，經由慈悲的顯現而實踐菩提心。日常生活裡，我們要常常讓自己的心在覺醒中獨立光亮，才能在輪迴中照破業力的黑暗，認取永恆不滅的自性光芒，這才是我們學佛究竟的探求。

每當我到墳場或亡靈的世界，總是感受到寂靜與神聖，因為他們見證了人類的殘酷，但也召喚出人性反省，生起一股慈悲的力量。我們念的《般若心經》是最好的供養，可以開啟地獄之門，以智慧的火炬，照破千年的黑暗，相信這樣的覺醒，才能夠顯發同體大悲的力量。我們在這裡舉辦的水陸法會，就是用「慈悲與禪」的心來超度沉淪苦海的六親眷屬、六道群生；他們的苦，就是我們的苦，希望能讓他們真正的離苦，進入正覺、往生極樂。期望所有的志工菩薩與大眾都能常行慈悲，守護我們的心。「慈悲與禪」這條菩薩道，是我們生生世世不退轉的耕耘。

2013

大樂普施

在神聖、莊嚴的壇城裡面，大家應該都感受到寧靜、清淨、祥和、光明。大家都是彼此的善緣，相互邀約而有今天的法會，既莊嚴又殊勝，我們要感恩彼此，成就這場法會。靈鷲山開山三十年、水陸二十年，相信大家對水陸都有很深的體會，懺悔禮敬的參與大眾，對於累世冤親或眷屬的消災與度拔，有很多真實的感應發生。諸多奉獻的志工，對佛法的精進與處世的和諧態度，也都在此學習成長。我們具足因緣，可以進入水陸法會清淨和諧的壇城內，透過七天的禮拜誦經、懺悔發願精進，將善惡不定的無明惑業轉成善業。在淨化的善業中，融入佛陀的教法，正念觀照契入寂靜世界，從深觀中趨入無生，從無生中啟動菩提心，利益一切眾生，成就正等正覺的果位，這是靈鷲山水陸法門的一個不共傳承。

水陸法會是一場生命和解、天地和諧的覺醒工程，聚集了一切佛事的大成、懺悔之大成、三藏法教之總集。結界代表水陸內壇佛事的正式開啟，是打開神聖時空的一個關鍵佛事，肅穆莊嚴的儀式背後，根本精神是心性的結界。心性結界是打水陸的基礎，心在自然結界中清淨，才能夠如法如儀，嚴淨出清淨琉璃的金剛壇城，讓邪魔無法干犯，為水陸佛事做好充分的護衛。

每個人的記憶體就是生命，用你的記憶體去創造更美好的記憶體，然後讓你的善緣廣大，讓你的福祉無邊，所以水陸就是讓廣大群眾一起參與「大普施」，能夠轉三惡道成三善道、轉生淨土。

在水陸中若夠虔誠，就會發起勇猛精進的大心。處處都是開悟的地方，處處都是成就的地方，善緣如果具足，就能開啟大智慧。在輪迴時，每一個眾生都是生命中的一個串連者，也是福氣和成就的串連者，我們是華嚴世界的一顆善種子，所以就要「大普施」。「普」，就是普遍受到利益；「施」，就是獲得無盡功德，普施，普受無盡功德法喜。二十年來大家通過水陸法會不斷地累積福德善緣，連結著靈鷲山三十年來的志業不斷開展的能量。我期盼下一個志業，生命和平大學也將在大家的共同發心和努力下成就，讓紛爭衝突轉化為善業，讓和平安樂成為人類的未來。

2014

觀音十心

水陸法會的內壇結界，就是區隔出一塊淨土做為內壇佛事的地方，然而真正的結界要從我們的心開始，心源自性，也就是萬法的根本，一切萬法從心而生，升起神聖的時空，水陸壇城，要從心的修行開始，以〈大悲咒〉觀音菩薩的十心做修行的元素，用修行來結界，以普賢菩薩的十大願為供養的藍圖結界，就是轉凡成聖的十法界。相信這樣的結界，是大家打水陸最殊勝的緣起，獲得最圓滿的一個成果。

水陸法會是觀音菩薩大悲心的一個顯現，觀音菩薩用十種心來度化眾生、成就眾生，大家在法會中，能以觀音十心作為導航系統，作為生活中的觀照與運用，必然能得到觀音菩薩的加持，體悟與觀音菩薩同一悲心。每年大家聚在水陸法會，就如同回歸觀音菩薩的大壇城，特別能夠領受觀音菩薩如母親般的慈愛與安穩，將一切的內心憂煩表達於菩薩前，更將自己作為菩薩的化身，實踐觀音菩薩的十種心，長養普賢菩薩無盡的成佛願力，因為與我們有緣、無緣的苦難生靈，都非常需要我們的慈悲救拔。

十心也就是觀音菩薩〈大悲咒〉的十個面向：

一、慈悲心：拔苦救難的心，這是打水陸七的根本精神，就是幫助一切眾生獲得喜樂，以成就大福報，拔苦救難。

二、平等心：參加水陸法會，六道群靈也都是具足覺性，大家要沒有分別的布施，供上堂、供下堂，在生活中自他平等、貴賤平等。

三、無為心：不虛偽、不造作，自然無為的一個心態，是沒有得失心、沒有計較心，參與水陸佛事。沒有得失就沒有煩惱，沒有計較就沒有是非，就能夠讓佛事順利，獲得更豐富的功德利益。

四、無染著心：心中沒有貪瞋癡等染著，沒有雜念，心清淨自然會眾善奉行，一切行為沒有貪著染污，一切就能夠順利無礙。

五、空觀心：所謂的空觀就是空而無執，空無執礙，由空而顯現一切的緣起，見一切緣生緣滅而不起執著，回到我們心的本體，也就是我們的本來面目。本來面目是我們本來具足的自性，透視世間一切事物，都能夠看到鏡花水月的一種狀況，在空寂的當下，我們就能夠放下。隨順因緣，歡喜自在，空觀無執礙。

六、恭敬心：不自大、不貢高，恭敬一切眾生，因為一切眾生都是未來的佛，我們很難見到佛，不過一切緣起都是我們的老師，任何一個眾生都是我們的善知識，我們對一切眾生要有恭敬心，以恭敬心來學習對待一切，讓法會中遇到的一切，都能夠轉換成善因緣。

七、卑下心：卑下心就是謙卑無我，凡事都要謙卑請教，沒有一點傲慢的心，也不會固執己見，才能夠學到最好的經驗，最殊勝的法要，做人、做事都能夠和諧成功。

八、無雜亂心：心單純、專一，不要想太多事物，在做拔苦救難，發菩提心時，就要避免有雜思亂想，要專心去成就這份佛事，不能生是生非，心胡亂起伏，要專心一意把事做好，把經念好，不起煩惱，自無業障。

九、無見取心：不要看到什麼就有什麼差別想法、好壞想法、是非想法，見取心就是自尋煩惱，把別人的善意當作惡意，讓自己常常處在自以為是的生活，就會處處自找痛苦，只要心念專一，煩惱自然雲消霧散。

十、無上菩提心：在法會當中，要常有高度的覺醒，上求佛道、下化眾生的菩薩心，悲智圓融，圓滿成佛。以觀音十心，將水陸法會結界成為大悲觀音菩薩的壇城，時時刻刻身心無有疲憊用心去實踐，必定能夠圓滿普賢菩薩的十大願，成就佛道。

此外，我們更要用觀音十心來成就普賢十願，對象就是一切眾生，是時空中無盡的奉獻與服務。普賢菩薩十大願分別是禮敬諸佛、稱讚如來、廣修供養、懺悔業障、隨喜功德、請轉法輪、請佛住世、常隨佛學、恆順眾生、普皆回向。其中，所謂的禮敬諸佛就是恭敬心；稱讚如來，就是卑下心。

我以觀音十心傳給大家，作為水陸法會觀音道場的結界力量，用〈大悲咒〉串連起悲智因緣，以普賢十願來勾勒成佛願景。更祈願靈鷲山四眾弟子，能夠精進修學四期教育，實踐生起圓滿次第的學習！願大家精進，有緣人都能夠找回自己，回到心的原點。三寶加被靈鷲山的水陸法會一切具足五圓滿，一念照破生死錯覺，祈願正法久住，大家虔誠的從結界開始，進入無染清淨的法界。

2010

虔敬受戒

「幽冥戒」是水陸法會中非常重要的佛事之一，其目的是為了六道眾生受戒而舉行的儀式。我們迎請六道眾生來到這個水陸法會，緊接著要讓他們受戒，身心都得到清淨後，才能具足善念，無罣礙地前往西方極樂世界。由於，三惡道眾生是因為生前造惡業才會墮入惡趣，所以幽冥戒就是本著菩薩度眾生的慈悲心腸，帶領被召釋出來的幽冥眾生皈依三寶、勤求懺悔，乃至最重要的發菩提心，受大乘戒。

「戒」就像保護網，保護我們不觸犯煩惱五毒。「戒」也是幫助我們度過生死海的一艘巨筏，用這艘巨筏擺渡一切受苦受難的眾生，度化累世以來的冤親債主。戒也是樓梯，如果沒有戒，就進不了佛國之門；有了戒這個樓梯，我們才能夠爬上究竟的果位。而幽冥戒，就是仰仗佛菩薩的大悲願力，攝受眾生的靈識，加上各位虔誠念佛的感召力，眾緣和合，使得冥界眾生有機會能夠皈依三寶、懺悔罪障、發菩提心、受大乘戒，從持戒修善中轉化業力，超離輪迴，獲得解脫。

在請上堂的佛事中，我們已經禮請十方諸佛菩薩、賢聖僧降臨壇場，加持庇佑我們及一切六道群靈，也在請下堂的佛事裡召攝六道眾生的靈識，透過法會的功德力，讓他們的意識可以得到撫慰，離開幽暗恐懼的狀態，清淨下來、安定下來，參加我們的幽冥戒。由於業力的關係，惡道眾生所受的痛苦很難自己拔除，尤其是地獄眾生所受的折磨更是無始劫來難以間斷；大家一定要虔誠地觀想，為自己的六親眷屬，以及冥界眾生求受幽冥戒，讓他們接受正法教誨，發菩提心、斷惡修善。只要大家真誠恭敬，感應必定不可思議。《華嚴經》說：「戒是無上菩提本，應當具足持淨戒。」

受幽冥戒的過程就是發心、皈依三寶、懺悔、發菩提心、求戒、三番羯磨、說十種戒相等步驟，依序進行。

首先是「發心」，發什麼心？一是「信心」，二是「菩提心」。學佛最重要的基礎就是具足信心，能生信心，才能夠生起恭敬虔誠的心認真的參與法會。對三寶要有信心，對上師、佛陀要有信心，虔誠的、毫不懷疑的，依止親近傳承上師，遠離雜念與迷惑，而能夠調伏自心與諸佛相應。

第二個步驟是「皈依三寶」。皈依有救護、救濟的涵義。三寶能加持，引導皈依的人，止息無邊生死苦輪迴。但是皈依最終的意義還是皈依自己的覺性，也就是自性佛。我們因為迷惑的關係，現在還未成佛，沒有看到自己的佛性。所以放下自我與世間一切執著，將上師的光融入自己的覺性光明中，皈依自性佛，產生感應的時候呢，我們就契入西方淨土。

第三個步驟就是「懺悔」。在《正法念處經》裡面曾說過：「火可能變成冷，太陽也可以變成冷，月亮可能變成熱的，太陽、月亮都有可能掉在地上，但是業的果報不可能消失。」因果報應，相當不可思議。如果不相信因果，我們就不知道，我們做的佛事、善事有什麼結果。我們相信因果，今生所造的一切善業，才有未來果報的豐收；我們看到很多的苦，就知道必有前因，今生才有這個苦。所以，必須注意現下的每一個起心動念、每一個做事的原則，念念善心不起惡念，我們的善因才會持續到未來的果報。

蓮花生大士曾經說過：「我們修行的見地，雖然有如虛空一樣的高，但是在業果方面來說，就像麵粉一樣那麼細微。」西藏有糌粑，要搓這個糌粑的時候，一不小心麵粉就會被搓在地上，我們在搓糌粑的時候，連小小細末都要非常小心謹慎。這就是說，因果是儼然存在的，我們的一絲一毫惡念，都要非常謹慎來止息。佛法中很重要的就是重視懺悔，能不能得戒，也取決於自己是否真正發心懺悔，將自己往昔所造的一切惡業懺除乾淨。整個水陸法會，就是從懺悔的角度為中心思想，希望大家專心懺悔，懺到連妄念都不生，六根都能夠清淨。

第四個步驟就是「發菩提心」。菩提心就是大悲心，自覺覺他的這種誠心。《華嚴經普賢行願品》第九願——恆順眾生裡面發願說：「諸佛如來，以大悲心，而為體故。於諸病苦，為作良醫。於失道者，示其正路。於暗夜中，為作光明。於貧窮者，令得伏藏。菩薩如是平等饒益一切眾生。」佛告訴我們菩提心就是從大悲而起，一切修行都是從菩提心為第一先行。我們可以觀想，下化眾生的時候，就是「眾生無邊誓願度、煩惱無盡誓願斷」；上求佛道的時候，就是「法門無量誓願學、佛道無上誓願成」。

第五個步驟就是「求戒」。求戒是以三聚淨戒為一切戒的基礎。什麼是「三聚淨戒」呢？第一個「攝律儀戒」，就是無惡不斷，願斷一切惡；就是我們念念起善心，一切惡念都斷掉。無善不修，廣修一切的善，就是「攝善法戒」。我們時時刻刻都把心安住在善法裡面，無有情不度，沒有一個有情眾生我們不度，讓我們的心安住在利樂一切的有情，讓一切有情能夠離苦得樂。這是第三個「攝眾生戒」。

第六個步驟叫做「三番羯磨」。戒師會做「三省羯摩」，意思是經過三次，帶領大家念這個戒。大家跟著戒師誦念時，要觀想種種善法都流入六道眾生的身心中，當這些善法流入身心後，就是成功得戒了。在戒師的證明下，大家一起虔誠專注，發誓堅持不犯、不退轉，就能獲得無作的戒體。什麼是無作的戒體呢？就是我們的本性、佛性。

2012

戒相莊嚴

第七個步驟就是「說十種戒相」。

何謂「十種戒相」？

第一、「不殺生」：本來可以活到一百歲，但遇到冤親債主來取我們的生命，就無法終壽；如果我們不殺生，就能夠讓我們的生命不中斷。我們今生學佛是不容易的，學佛的法教，還沒有學得非常好，生命就沒有了，這樣非常可惜。所以我們不殺生，就是尊重一切的生命，讓一切的生命都有活的空間，我們不殺眾生，眾生就不會殺我們，我們才能得到完整的生命。

第二、「不偷盜」：我們有很多人貧窮，求不得、賺不到，賺到錢又被劫走，這都是因為我們過去生犯了侵占、偷盜，使得現在擁有什麼就被侵占，就被空劫。所以不偷盜，除了不侵犯他人，更是一種致富的因。

第三、「不邪淫」：我們知道很多問題都是出在邪淫，不邪淫就是尊重家庭、社會倫理、夫妻倫理，不然就會遭到很多貪瞋癡的惡業，導致家庭破碎，孩子流離、社會混亂。所以不邪淫可以讓身心、家庭都非常的安定。

第四、「不妄語」：要說真實語，佛所說的法就是真實語。若不希望別人欺騙你，就不要說謊，欺騙他人。「騙」就是看不起別人，要別人尊重我們，我們一定要真實語、不妄語，講過的話信受奉行，才能夠得到人家對你的尊重。

第五、「不飲酒」：飲酒會麻醉人類的神經，使我們的理性沒有辦法充分管控自己的行為，因此飲酒就會容易錯亂，然後一不小心就犯下了殺生、偷盜、邪淫、妄語等等的事情。所以只要能夠不觸染這個習慣、惡習，生生世世，就不會有煩惱跟障礙。

第六、「不說四眾過」：不說四眾的是非，所謂的「四眾」就是指出家人、在家菩薩、比丘、比丘尼，所以「不說四眾過」，就是指不可以故意說出家人、在家菩薩、比丘、比丘尼的過失。講來講去就變成那個好、那個不好，沒有一個好，干擾佛廟最基本的清靜，攪亂四眾的戒律修行，這都是不好的。所以，我們一定要守這個戒，不能講四眾的過，講了就犯了。

第七、「不自讚毀他」：不要習慣稱讚自己、毀謗他人，我什麼都很好，別人壞死了，什麼都壞。讚嘆自己，毀謗他人的行為，這個就是破戒了。

第八、「不慳惜加毀」：慳惜，就是吝嗇的意思；所以慳惜加毀，指的就是自己吝嗇又說別人小氣。「不慳惜加毀」，就是要我們做到不慳貪，也不要毀謗別人。

第九、「瞋心不受悔戒」：我們不懺悔自己的瞋恨心，經常用瞋心接觸眾生，造就很多對立關係跟惡緣，就會導致下輩子，事事不順的因果。

第十、「謗三寶戒」：如果毀謗三寶，以後學佛就非常困難了，以後的千年、萬年、幾億年，在輪迴當中就不會遇到佛法的善緣，找不到善業的通路，最後更沒有與好運、好命做成圓滿的連結。不要阻擋三寶、破壞三寶；如果不能得到三寶的加持，也就無法聽得到甚深究竟解脫的這種法。

「說十種戒相」總共十條。在今晚的幽冥戒裡，我們分別細說戒的意義、求戒的過程及功德；主要是因為我們學佛的人，如果沒有戒就沒有一個軌則、一個目標。我們有了戒，才有一條善業的路。我們所求的戒，不論是幽冥戒、五戒、菩薩戒、比丘戒，或是比丘尼戒，都是為了讓自己能夠成佛，成就佛道、成就一切的善法，所以我們才依止這些戒法。

藉著佛事，眾人齊聚一堂虔誠召請，不但打開了神聖的戒場時空，也幫助眾生喚醒埋藏在生命深處的菩提種子，只要一念善心生起，就能夠來受戒學佛。受幽冥戒的流程與主要的內容，首先發起信心，要對戒律生起殷重、難得的信心。眾生都有覺性，只要願意修行，就能轉換我們污染的記憶體，轉識成智，來成就精進佛道。

我們禪宗祖師說過，「百千法門，同歸方寸」，一切都是從內在的心源自性開始，要轉化生命，必須從這深層生命開始改變，學佛受戒，就是把我們的內在生命轉換成為戒的一種生命。行為不造惡，念頭不與貪瞋癡相應，再深入行六度波羅蜜的菩薩心戒。由此，就可以徹底改變！從認識生命、解脫生命到奉獻生命。希望這股清淨的能量成為淨化社會的力量，和諧我們每一個人的心，讓我們在這個心和諧的壇城中能夠造福一切。

2013

發願成佛

在這個水月道場中，大家透過水陸發起大願，誠心懺悔、解冤解業，願力是最大的財富，一直實踐下去就有成果，諸佛的願力，成就無量的佛國世界。

每一個佛都要發願才能有佛國世界，比如：阿彌陀佛四十八願、藥師佛十二大願、觀音成佛的眾寶普集莊嚴世界也是十二大願，諸佛國土，沒有願是不成國土的。所以大家學佛發願，既是佛種子，既是菩提種，未來佛國在哪？就要看你們的精進與努力，不退轉的去做。

《阿彌陀經》說，從我們這個地方去極樂世界要十萬億個佛國淨土，可見得佛國淨土是有形有相的，是四十八願所形成的。阿彌陀佛的佛國淨土是確實存在，並非抽象。因此，我們以願力連結更多的善緣，讓大家都能發願學佛、拜水陸，讓人們都能夠享受這一份財富帶來的快樂。

推動水陸法會，讓一切生命能夠平安喜樂，得大解脫，這也是靈鷲山開山三十年努力的方向，我們凝聚大家的願力，讓生命和諧平安，也是抱持這個心念，實踐生命教育。所謂的實踐生命教育，就是讓大家了解什麼叫生命，如何去修行，如何讓生命的這個永恆能夠找到生命的智慧，能夠獲得生命的使命，能夠有一個方向。

在世界宗教博物館之後，下一個志業是生命和平大學，希望凝聚更多的佛子，來結廣大善緣，讓大家都能夠因為生命大學而來學佛，讓他們獲得這份珍貴佛法，讓愛與和平的種子能夠遍灑。心平安，世界就平安，因此首要禪修，沒有禪修，至少念佛、念咒、念經。禪是我們的家風，讓多元和諧與共榮，成為人類的未來，是現在要努力的一個方向。

靈鷲山
圓滿
水陸大法會圓滿送聖
送聖

2014

實修覺悟

在最後一天法事圓滿的時候，我們更要以恭敬莊嚴的態度，大眾齊聲念佛，奉送諸佛菩薩同登雲路，六道群生往生淨土。西方淨土的存在，離不開我們的本心自性，修行的根本在心，一切法、一切相的本源也是心，是佛國淨土的顯現也是心的因果感應，心清淨之後，本來面目就是清淨的佛土。學佛、修行、誦經、做法事，最根本的依持都是在心的一種開悟，送聖儀式要誦〈大悲咒〉、《心經》，也是在增加心念的收攝力、控制力，將心調正，妄念止息，達到內在的寧靜寂然，佛國淨土就會曠然現前，這就是心淨則佛土淨的一個實踐原理。

期許僧俗二眾弟子，水陸回去後更加的攝心精進，達到識心達本，法脈永續傳承。事實上，我們的水陸法會，是長久以來努力不懈怠的志業，在法會上，每個地方我都講法給大家聽，這是平常沒有的機會，水陸道場八天，要好好地檢視自己是否把握機會學習而進步了，是否悲心增加、菩提心長進，對佛法更有信心，對眾生更有慈悲。

師父的根在墳場，每個人的根都在墳場，師父十年時間在那墳場裡面看破、放下，讓心念清淨，回到我們的源頭，大家的寂靜修就是從墳場體悟出來的，如果不是在墳場裡那麼靜，我也不會知道寂靜修多好，所以尋源頭，就是尋我們的心性、尋我們的覺性，尋找《金剛經》所說的離相，也就是「一切有為法，如夢幻泡影」的本來面目。師父是通過禪的實修實證，實踐這些志業，沒有修行，就沒辦法長出扎實智慧，扎實的智慧才能夠斷煩惱、了生死，帶領大家走向成佛解脫之道。

有人從年輕就跟隨師父到老，那麼不老的是什麼呢？心。人終難逃生老病死，一切無常，所以才要追求佛法、見證佛法，捨離無常，尋求靈知靈覺的永恆。水陸法會圓滿之際，希望大家帶著這份大普施的正念回到日常生活，以慈悲心來善待一切眾生，因為大家都是觀音菩薩的化身，觀一切自在，也幫助一切眾生自在，把觀音菩薩的慈悲精神、水陸法會的靈通圓滿，透過生活中的守護，呈現於我們每個人的生活中。每天用功課來守護自己，每天讓自己的正知正見從功課裡面發生，持咒、念佛、拜佛、發願，善業便相隨。

2017

大菩提心

整個水陸儀軌，是一場法界立體的教化與觀修，我從一開始就要求壇城設計，包括所有硬體呈現的象徵，不只是守護壇場，也要能警醒大眾提起念佛、念法、念僧的正念。要弟子們的態度威儀莊嚴，同時也要具足正面、積極、樂觀、愛心、願力來執行法會，待人接物做到給大家歡喜、給大家信心、希望與方便，在法會期間都能夠和樂融融。

除了如法的儀軌、壇城的顯現、大家的發心，靈鷲山水陸還有一個很重要的傳承，就是「法供養」來攝受眾生，每堂佛事之前，說明法會儀軌的意義與作用，幫助大家觀照修行，使當下的心念能夠清楚連結經典文字的聖言量，以及儀軌壇城的表徵意涵，導航眾生能轉識成智，觀想成就佛的法、報、化三身。也就是希望大家能夠覺悟自己本來擁有的，無死空相的法身，光明覺知的報身，慈悲遍滿的化身，這就是拜佛禮懺、修齋供養最終的目的，也正是諸佛代代相傳，付囑流通的大菩提心印。

大家年年來到水陸諸佛菩薩淨土，奉獻服務，就是阿鞞跋致不退轉的大菩薩。在這個淨土裡面有這麼多不退轉的菩薩，來接引許多想要學佛而不能學、不知道怎麼學的人。學佛才能慢慢知道「做好事、種好因、結好果」，所謂好事，就是奉獻、服務，懺悔我們過去生生世世所結的惡緣，並發願今生點滴念頭都是利益眾生，「諸惡莫作，眾善奉行，自淨其意」，讓我們的心念時時刻刻都是利他，沒有一點害人的心，如若不然，記憶種子就種下了未來生命的破壞力、傷害力、痛苦力。

水陸是一個接引大家前往淨土的平台，快樂不是平白無故而來，它是從理解道理、懺悔業障，比如像是在內壇，不斷地服務奉獻，二十四小時不停歇供佛，從這些無私中獲得。我們心甘情願滿足的給，心不生厭與傷人之念，就可以得到真正的快樂，我們就置身在天堂。

2018

覺善相伴

水陸是一個不可思議的解脫法門，送聖就是這個法會的結行，經過八天七夜的禮懺、供養、誦經、持咒、念佛，相信大家的精進一定能所求如願，接引所關心的親人以及有緣眾生送到極樂世界，能夠念佛、念法、念僧，回到心的世界，再轉換到願力的世界，發願利益眾生，以成就生命的快樂。我們發願到極樂世界，修行成就了，再回到娑婆世界來接引我們累生累世的父母、師長、親朋好友和冤親債主，將苦海浮沉的眾生，度到清淨解脫的法界。

在水陸修法的過程中，透過儀軌，我們可以覺照到每一個生命、每一道的眾生無不是苦，但同時也容易讓我們生起出離心，想要離苦得樂，因而想學佛找到信仰，同時牽動大悲心，啟動菩提心。

菩提心就是願成佛度眾生的心，也就是自己得到快樂之後，發願也要度親朋好友、累生累世的冤親。菩提心是一個如意寶，學佛要發起「願成佛度眾生」這份願力，努力把自度度他的這份善業、覺醒用在生活上。

送聖就是讓眾生的心回家歸位，讓心離開一切相的執著與罣礙，回到本覺，涵藏一切種子的如來藏。心回家的時候，感覺到活得很踏實，能夠過著清楚、明白的生活，回到相濟共生的地方。水陸法會就是讓我們在如如不動的本來面目懺除罪障、發菩提心，依四聖諦苦、集、滅、道，發四弘願誓願，眾生無邊誓願度，煩惱無盡誓願斷，法門無量誓願學，佛道無上誓願成，不斷的在生活中實踐成佛的菩提心。

水陸圓滿後，大家要讓菩提心成為生活的重點。行持菩提心，就是有善心與覺心，覺心就是能夠發現、覺察，善心就是我們要做的到。覺跟善是讓我們大家快速的覺醒，容易奉行的兩件事，覺就是知道、反省，覺就是明白，然後奉行善業，所以說，水陸也是靠著這艘覺跟善的船來度脫苦海。

覺就是自利，善就是利他，生活中不要離開覺跟善就是不離開佛法，讓我們從貪瞋癡慢疑五毒的生活去轉換成覺跟善，成為生活中的淨土。水陸期間從專注持誦跟懺悔，讓心能夠被短暫的管控，大家一定要自己要求自己，產出提升自我的生活品質，不要五毒牢固難改，要靠覺跟善去轉換才會有好日子、好命運。

從世界宗教博物館籌辦至今，我長期推動愛地球、愛和平，目前在緬甸這個未經污染的佛國聖地執行三個計劃方向，籌建生命和平大學，弄曼沙彌學院，以及有機生態農場。生命和平大學就是一個愛地球的生態倫理大學，希望將緬甸打造成一個實踐愛地球、愛和平的典範，愛地球、愛和平是一個菩提心善行的實踐，不只是我們這一代人的事，更是後代子孫的事。

今日水陸的圓滿不是結束，而是轉換的開始，回到生活日常後，要記得靈鷲山提供阿含、般若、法華、華嚴的四期教育，要跟大家分享認識佛法、學習佛法，然後成就佛果，建立起正知見。要常以平安禪做觀照，能夠讓大家看到最原始的自己，透過禪修，回到佛的本懷。慢慢的學習，讓我們慢慢回到佛的智慧，生起般若的智慧，時時感念諸佛菩薩教導，發起菩提心、淨念相續在牛活中落實。

第三章 先修法會開示

2007

八關齋戒 堅固信心

我們持八關齋戒，即便只有一天一夜，功德卻相當大。以一日時間種下無窮無盡的福報、福祉，在未來能由此成佛。八關齋戒，八條戒分別是：

第一戒，不殺生：主要目的是培養慈悲一切的生命，尊重每一個生命，仁慈一切的生命，這就是我們第一個戒。

第二戒，不偷盜：不侵犯、不佔有別人的財產。

生活中的小事情，例如一人一席，但你多搶一座，佔了便宜就是侵佔，也叫偷盜。我們要尊重別人的福氣，別人在過去世有做好事、結好緣，這輩子就是賺錢、過好日子，所以說尊重他人以前做的好事，今生才能享受得到經濟無虞、事事如意的善果。今生我們不如別人，就要努力地勤行善業，布施和行善，不但不殺生，我們還放生，尊重一切的生命。我們現在要種一顆種子，不殺生、不偷盜，用心體會，就可以結成好的果報。比如我們做燄口齋供、布施，與眾生結緣，滿足冤親債主，燄口就是喜捨，更是凝聚功德的善種子。

第三戒，不淫欲：起心動念能夠不淫欲才算是真正守持。大家守這個戒就是一種離苦，離開貪欲束縛。將我們的心念，擺在念佛、念法、念僧，就是念覺、念解脫、念清淨。

第四戒，不妄語：不妄語就是不欺騙，一個人不妄語就能得到尊重，所以我們不要造成未來世的苦，就不能妄語。

第五戒，不飲酒：這也包括不吃迷亂我們神智的毒品，只要能夠迷亂我們神智的，就不能夠去食用。不迷亂自己的心智，才可以產生智慧。

第六戒，不著香花鬘、不香油塗身及不歌舞倡伎不往觀聽：盡形壽不（著）香花鬘、（不）香油塗身。不塗抹，讓自己奢侈浪費；不化粧，讓自己能夠淨心。盡形壽不歌舞伎樂，不往觀聽，在修行當中，不要讓自己常常在娛樂場裡面分心。要專心修學佛法，好好的精進修持。

第七戒，不坐臥高廣大床：意思就是不去享受床的寬廣柔軟，不起貪念。其實就是要求我們早起、不貪睡，勤修行，一日不貪著床的美好，就得一日清淨。

第八戒，不非時食：就是一日一夜的過午不食。

吃東西會造成我們的貪欲、貪念，剛剛好活得下去即可。吃得太多，欲望多、想法多、妄念多，就會比較懶惰。過午不食是一個節約、節能的好方法。大家清淨不貪執食物，忍得住就是一個功德。

我們守戒，把身心、行為照顧好之後，就要發願晝夜不忘失，遠離輪迴生死苦，不要在恩愛的極喜裡，也不要在憎恨裡相會。五蘊如輪，轉得我們煩燥、不清淨，要滅除五蘊、五陰的苦，就要修般若、修八關齋戒，五蘊若滅，生死煩惱就會息滅。受戒的時候我們有六念，指念佛，念法，念僧，念戒，念（施）捨，念天：

一、念佛：就是念覺，覺就是清楚不迷惑，不忘失菩提心；佛足福慧兩足尊，念福就是多布施、服務、造福，念慧就是多看經、聽聞佛法，講說佛法。

二、念法：法就是清淨、解脫、轉化，轉識成智。佛的三藏十二部經，能夠洗滌我們的煩惱罪業。多看經典，只要佛說的，有機會我們就要學習。因緣是流動性的，生生滅滅，我們不應該把情放在變化上面。學法，就不能跟隨人情世故，學法是持續性的，一個系統的灌溉訓練，不斷加強我們的菩提心、願力更堅固。

三、念僧：僧就是團隊，就是僧團。法為三世佛母，僧是人間福田，一切佛從法而生，一切福田皆是從僧而來。

四、念戒：戒，除熱惱，清淨身心，所以我們用念戒，讓身心清淨，善業增長。

五、念施：我們不要自私，要常常做喜捨的工作。

六、念天：天就是善業，我們要念善業。

念佛、念法、念僧、念善業、念戒、念施，這「六念」連結到我們所受的這些戒。希望大家受持八關齋戒，能夠身心吉祥，得到無量的福報。

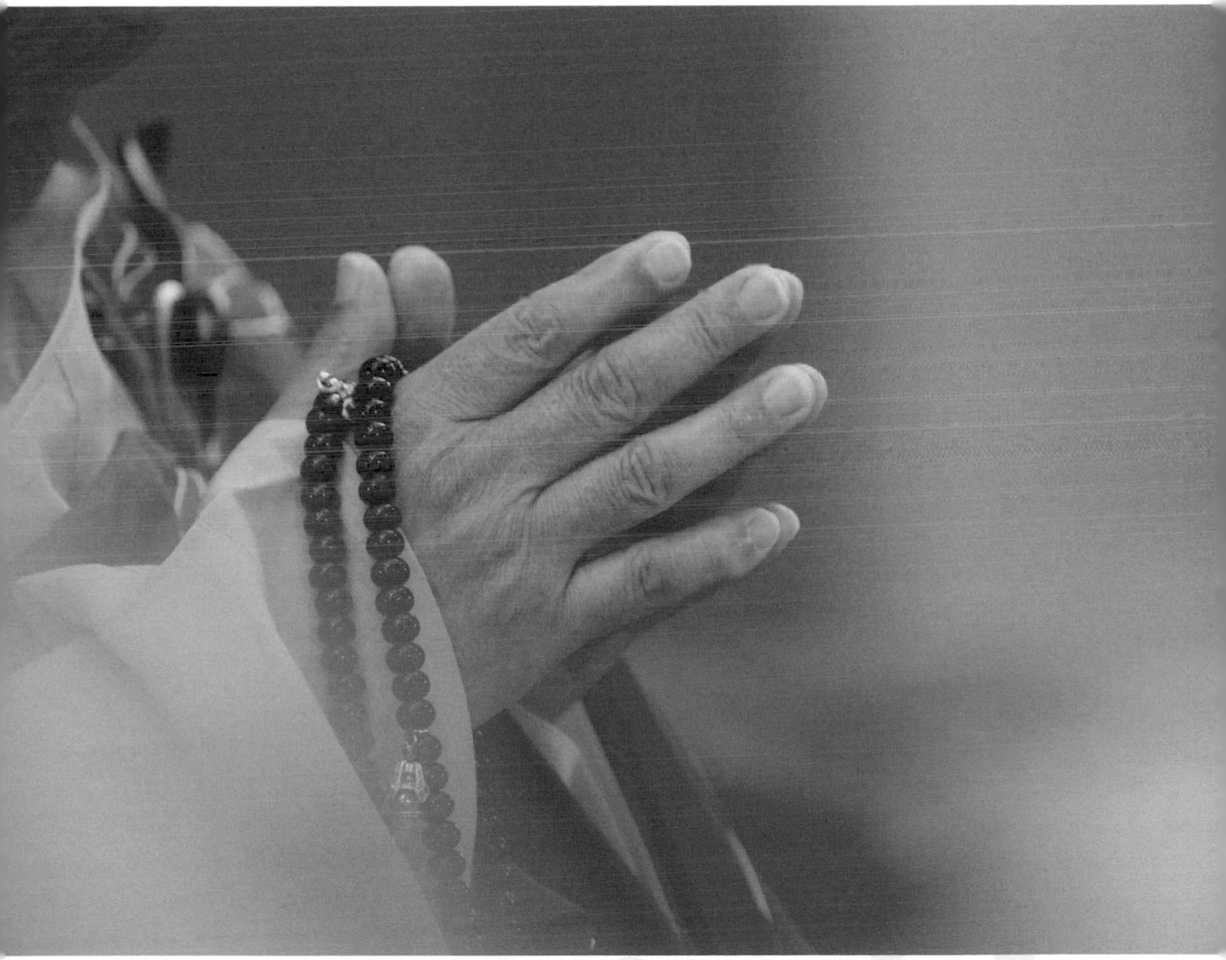

2008

學法結緣　共入華嚴

二〇〇八年的今天，我們正舉行水陸先修法會的第二場佛事活動。這一次跟往常不太一樣，修的是《華嚴經》，我們出家眾、在家眾們聚集起來，共同持誦《華嚴經》十四天，接著還要做「三時繫念」。《華嚴經》的內容講述了佛成就以後所呈現的世界，重重無間、平等的世界，不管是善惡、好壞、長短、美醜通通都是平等，沒有誰高誰低，在佛的世界裡，一切的呈現都叫做智慧，叫做一切智智。華嚴世界就是我們每個人將來成佛的世界，我們靈鷲山的聖山建設，就叫做華嚴聖山，在這裡要呈現的就是人人都有一個成佛的緣起，緣起成佛，只要參與，就有成佛的因。

啟建水陸法會前，我們都會有五場水陸先修。透過這樣一個先修，大家聚在一起、共同激勵，就有更多的力量往菩薩道的路上堅定無畏向前，通往成佛之道。成佛，就是獲得全知的遍智，也就是對全宇宙無所不知、無所不曉，得到涅槃，就是無生，不生不滅。想得到遍智，要生生世世用般若正念去服務跟奉獻，行般若之行，無邊無際的結善緣、結好緣，把這些功德能量累積起來，就變成佛國淨土。

輪迴——是我們不得已的生命業力，自己造了業，得要還那些債，消了舊業，又造新業，故要學佛以出離。所謂的「出離」，就是要發願成佛。像阿羅漢是證得涅槃的大成就者，住世幾萬億劫，直到住不下去，才發菩提心。與其如此，我們不如現在就發菩提心，跟著師父生生世世走這條路，常受善知識薰陶，耳濡目染，便能改掉貪瞋癡等惡業習慣。

學佛人「諸惡莫作，眾善奉行」，這麼做就能夠結善緣。接著「自淨其意」，透過打坐、念佛、看經、修行，把身口意收攝，認識本來面目。大家都有一個永恆的本來面目，只是被塵俗的煩擾惹得面目全非，學佛之後，就能改頭換面，換成菩薩、羅漢、聲聞或佛的面，慢慢修行，功德具足，就會很莊嚴。身在三惡道中都是苦臉，因為受盡苦難，所以我們的莊嚴相要靠自己去修，今生能夠成為人，能夠健康不為經濟所擾，已是很大的福氣，我們要好好地奉獻自己的身口意，累積自己的資糧。大家跟著師父多年，道心一定要堅固，常洗滌自己、清淨自己，勤服務與奉獻，生生世世走在成佛路上，要坐禪來開悟，找到自己清淨永恆的佛性，自性找到了，能生萬法，生出功德。

2011

虔心觀想 同登極樂

觀音菩薩二臂，右手拿念珠，意思就是念眾生，隨時都念念眾生能夠成就佛道、念念眾生能夠離苦；左手拿蓮花跟長壽瓶，蓮花就是把眾生的業障消除，清淨業力給予長壽。觀音菩薩周圍有五方佛圍繞，還有六道能仁導師，千佛圍繞；觀音菩薩有四個門，有四個神守護，有眾多的部屬圍著觀音菩薩；還有一個寶瓶，事業寶瓶，羯摩寶瓶，裡面有個觀音菩薩。另要觀想功德事業佛母，我們念「嗡・嘛呢・唄咩・吽」，然後觀想空性的佛母。

我們現實世界，有空跟有，空代表一切業障的消除，有是一切功德的呈現，這就是「雙運」。大家在觀想這本法本時，要慢慢深入理解，一面讀一面觀，一面了解內容。每一道度了以後我們就念一個咒，六字真言，可以把整個六道眾生的苦業都消掉。師父開示所傳承的密宗之法，是根據阿彌陀佛、觀音菩薩、蓮花生大士，一直傳到伊喜措嘉，把整個密法變成有系統的傳承，最後傳承到噶陀大伏藏師龍薩寧波。

我們在水陸把六道群靈專程請來之後，要做供養。亡者是一個虛無飄渺的意志，超度的時候，要把歷代祖先、冤親債主勾召到水陸壇場來，接受供養、聽經聞法，這就要做清清楚楚的觀想，念咒讓眾生業障清淨。

大家要記得，密乘的家在極樂世界，大家都是極樂世界的諸上善人、不退轉菩薩，希望大家「阿彌陀佛」能夠念得很好，〈大悲咒〉可以念得很好。〈大悲咒〉只要十萬遍的數目，你就可往極樂世界，早晚一百零八遍，三年就完成。〈大悲咒〉實在沒有辦法持，就念「阿彌陀佛」。我們的業力就是輪迴，輪迴就是相欠債，災難、痛苦、煩惱，還完之後還有把戲出來，雖然是假的，但是受不了。所以我們學佛之後要真心實在的，好好修行，好好念佛、念法、念僧、念咒。

2015

四期教育 成佛之路

水陸法會是一場解冤釋結的勝會，是與我們歷代祖先、冤親債主解冤解業的冥陽兩利大齋會。水陸法會更是一個學習和教育的過程，教導我們要尊重、愛惜生命，乃至天地一切有形、無形眾生，我們都通過法會各項儀軌和眾生結善緣，同時也內省自己的生命，所以水陸法會是一個最好的生命教育實踐場域。

今生我們何其榮幸投生成人，並與佛結了深刻的善緣，跟師父連貫在一起，無論在哪一個國家，我們都會去連結善業夥伴，也連結一切眾生成為我們的生命網絡，推動佛法的傳承，讓三寶永續。讓我們生生世世有一盞明燈，有一條跟隨的道路，依靠四期教育延續，成就這份正覺的事業。

今年講堂已經開設阿含期初階的課程，談四聖諦、八正道，這都是非常務實的修行法門。四聖諦就是苦集滅道，讓我們能夠瞭解世間是各種苦的集合，我們要生起出離心，來用功學習求解脫。八正道就是：正見、正思惟、正語、正業、正命、正念、正精進、正定，在八正道的指導下，生起信心和智慧，具有堅定的道心來發起學習成佛的一個願力，跟著師父學習這條菩薩道精進不退轉，轉妄念變成願心，化煩惱變成菩提。

佛陀的教法就是生命教育，教導我們如何透視生命的狀況，讓我們能夠看到生命的實相而得到解脫，並且由此上求佛道、下化眾生。四期教育是學習成佛的重要道路，不僅認識生命，也讓生命更為昇華。生命的真正價值是「生命奉獻生命，生命服務生命」。因此，奉獻要從自律做起，從自律裡慢慢昇華自己來幫助別人，這就是生命教育。

四期教育的修學就是佛陀教法全部的內涵，是生命教育實踐的方法，我們不但要用這一生去學習和體證，更要發願，生生世世都要不間斷的走這一條成佛的道路。

希望大家能夠學習進步，對法要有殊勝的概念，不要馬馬虎虎。多少眾生在輪迴裡面生死翻滾，今天我們能夠遇到殊勝佛法，有轉換生命的機會，真是無比快樂。

2015

轉染成淨 善心覺醒

二十一世紀以降，環境裡癌症很多，毒很多，都是從我們的「五毒」——貪、瞋、癡、慢、疑，所引發出來的。孔雀明王吸取我們身上的五毒，讓自己更美麗、更莊嚴。為世人消解五毒，是一種度化。我們的身體裡或多或少都有毒素流竄，現代各式各樣的毒無孔不入，資訊電器類的磁波，食物的毒性，許多無形的毒素都潛進我們的身體，所以我們持誦《孔雀明王經》是一種「排毒」。我們無分別、專注地持念，就會產生三昧力。只要產生三昧力，它就有排毒的功德力，把無明煩惱，三毒、五毒清除。

理解佛法的善巧方便，最重要的是離開內在的無明煩惱。用禪來明白自己的心，就是無量的智慧，見到本性空，就是無量壽。我們現在是生死輪迴，因為沒有見到空性，所以認假為真，其實仔細思量，生命無常只是本然，差別只在有修行是自在的死，沒有修行是痛苦的死。所謂的修行，簡而言之，了解就去做，了解卻沒做，叫做知識。

佛曾說「一切緣起法」，看得到的、聽得到的，沒有一個東西是永恆的。一彈指有九十個念頭，心念太快，生滅亦然。我們的細胞每天都在代換，不知不覺從年輕變老。在這生滅裡，身體本來就不是我們的，緣生了就出來，緣滅就讓它去。緣生不是你，緣滅也不是你，緣歸緣，靈性歸靈性，死的不是你，生的也不是你。生死是一個緣，緣是一個假相，不是真的，學佛法要了解一切緣生緣滅就是空性。

佛法講因緣果報，因緣果報需結緣種植，要思考種什麼才有好的收成，也就是思考要做什麼才有好的命運。所以，做好做壞就是創造你的命跟運。在水陸中，消弭冤親眷屬的怨氣，懺悔把怨氣化為喜悅的天堂，不好的累世記憶就會慢慢的鬆開，好的記憶就逐漸的連結。所以，一念善可以普利眾生，一念惡可以殘殺眾生。

學佛，佛就是覺醒，覺醒一切的發生都是無常，一切的無常就叫做空，我們要常常觀察無常，對無常不要有取捨心。覺醒跟善業是學佛的目的，覺醒就是放得下，看開了空間就大，一覺醒我們看到這個世間都是空性，可以儲蓄很多，所以心量要打開，善業要耕耘。

2015

深信因果 快樂結緣

每個人都希望能夠事事如意，想要達到這個願望，就要好事多做，自然事事順心。絕大多數的人都喜歡接受別人的服務，既是如此，自己也要學習怎麼去服務他人，常奉獻才會感到快樂。服務奉獻是要養成習慣的，習慣養成了，就有很好的福氣，這就是結好緣、做好事。

我們要相信因果，不管做什麼事情，都會有相應的果。每個人都埋藏著記憶，這個記憶會輪迴，既然記憶會輪迴，自然應該讓記憶轉成好的，現在就行善種下好的記憶，未來依然是好的記憶相應的好命運。輪迴在生老病死裡是很苦的，所以我們學佛，知道要「眾善奉行、諸惡莫作」才會幸福快樂，任何善行都要自己親力親為，而且要隨喜功德。我們做好事，會得好的果報：助貧，未來生命就不易落入貧困裡；辦學，未來生命就不會不識一字，而有受教育學習的機會。蓋廟也是好事一樁，廟是讓人學習佛法開智慧的地方，讓我們學習到轉換生命觀的方法，改變生命的行為與想法。

「相信因果勤行善，為利眾生具佛法」，每一個眾生如果有佛法，就能具足智慧和慈悲心，能夠利益眾生。人身難得，我們要勤行善，為利眾生，才有福報，要心存善念，讓一切眾生能夠學佛，這就是學佛弟子的工作。希望大家能夠「相信因果勤行善，為利眾生具佛法」，平常「諸惡莫作，眾善奉行，自淨其意」。

第四章
志工開示

2008

喚醒靈性

人在這個世間總是苦的，我們在輪迴裡不停地感受各種的想法苦、做法苦，還有求不得苦，常常感情不順、身體不順等等，這都因為沒有結到好緣，所以我們要勤消業。種種的不順遂，源自以往的業，我們就歡喜做、甘願受，將過去的業消去。同時觀照，這世間的苦是因果變化而來，因果就是我們的記憶，記憶就是生活，記憶就是緣，記憶就是種子，所以我們的輪迴就好像跑馬燈在跑著，命運就這樣好好壞壞。要想超越輪迴，最簡單的，就是學佛的開悟，看透、看破，看世間種種不要貪心，明白一切因果就是我們生命一個過程而已。

人的靈性是不死的。超越無知束縛以及輪迴變化，靈性就被喚醒。我們可以透過念「阿彌陀佛」和〈大悲咒〉去幫助我們找到自性。師父很勤勞持〈大悲咒〉，持〈大悲咒〉是自利利他，能讓一切眾生離苦得樂，給眾生許多善緣。我們學佛如果今生沒有辦法開悟成佛，就要念「阿彌陀佛」，一天兩萬遍。我們的念頭轉得很快，如果不擋下，它會一直繞轉，我們就進入了輪迴。因此，我們持誦「阿彌陀佛」止住念想，就不入輪迴。念佛只是一個習慣，我們死時會像看電影一樣，看到許多不同的東西，如果看到境，就念阿彌陀佛，因為境就是讓你去輪迴的景象，它會引誘你，念阿彌陀佛，不跟著念頭去，這樣就超越了，阿彌陀佛便微笑接引你去到西方極樂世界，不會進入互相殘忍吞食、殺業很重的輪迴之苦。

大家修行，不論選擇「阿彌陀佛」或〈大悲咒〉法門，都要好好用功，要行菩薩道，要發菩提心。菩提心才是究竟的，菩提心就像一顆牟尼寶、如意寶，只要發出來，一切都是自動導航，導向成佛之道。希望所有的眾生都能夠發願成佛、發菩提心。這個菩提心不是這麼的容易，要慢慢的做、慢慢的走，從行善、布施、改變自己開始，然後將自己的自覺慢慢轉成利他。

因此，學佛真的要用心，我們這輩子做人，下輩子不知道會做什麼，所以要拼命用功、解業修行，讓自己具足善緣以解脫煩惱、解脫生死。我們牽一個緣環扣著佛，未來無論有緣無緣，種子已經種下發芽，必有收成，因此大家要好好的學佛，認真離開輪迴之苦。十幾年來，大家發心發願接連不綴地服務著，會感覺到做佛法的事情，就是做幸福快樂的事情！只要思想正確、行為正確，我們所做的事情都不是自私的，就會有福氣。我們可以多聽每一個人學佛的經驗，怎麼學佛學到非常快樂，得到善緣、得到如意吉祥。

2010

解行並重

水陸想做得圓滿完善，要靠志工大力護持，在臺灣的水陸，志工大概是兩千人，即便遠道來到新加坡，現場水陸志工也有四百多名，這份殊勝是難得的。能夠發無上心當水陸的志工實在很不簡單！在這裡，我們就是學習普賢十大願──稱讚如來、廣修供養。稱讚如來就是要說好話，廣修供養就是多布施付出。無論我們提供勞力還是時間，都是一種對佛供養，我們要請佛住世，讓佛法常住世間，眾生才能夠離苦得樂。有佛法才能夠出離輪迴、出離生死；佛法就是一條離苦得樂的船。

水陸就是一個「七」，我們在這裡不分日夜好好的精進，不只是單純的念經，事實上我們在「打七」，在此期間要有不懈怠的心。我們參與水陸法會擔任志工，難免會被五毒牽累產生爭執，然而我們一邊做一邊修，到後來就會默默地耕耘，一心奉獻，專心做好自己該做的事。大家一心為了圓滿水陸無私奉獻，這就是發菩提心，發願讓眾生能夠學佛，能夠參與水陸，感受安穩喜悅，慢慢就會趨入解行。

解就是理解，行就是實踐，當我們理解佛法懂得實踐時，便已證悟佛法的真實義。做水陸也是學法。除了做福德因緣和增福增慧的工作以外，有許多場佛事，灑淨、結界、幽冥戒、送聖，師父都會開示，就是為了要讓大家清楚的知道，我們在做什麼，應該要怎麼做。我們學佛要能解行並重，解就是理解一切都是不可得；行是知道一切唯心所造，唯識所顯，心造的就會顯出來，變成因果，變成果報。所以我們要注意我們的心，心行處滅，不要去製造很多不好的記憶種子，要造善業跟智慧。

學佛最重要就是讓我們增福增慧，透過集會而修行，然後找到自己，明白一切就是夢幻泡影。師父有責任把自己知道的佛法，讓大家能夠輕而易舉學好，教育、引導，讓大家走上菩薩道，能夠認識這個自己擁有誰也搶不走的財富。佛度有緣人，慢慢的薰陶，我們就能夠真真實實的認識佛法，而且實踐佛法。

送聖之後，大家就要回歸生活日常，希望即便從水陸法會離開，仍能本著普度眾生的心，讓更多的人能夠學習，一同來參與水陸，讓他們能廣結善緣。平時記得做佛法功課，要勤奮精進，早上《普門品》，晚上《阿彌陀經》，或者是《金剛經》、《藥師經》，平常的時間念〈大悲咒〉，那麼我們跟佛的連結就不會斷訊。

2011

微笑傳承

法緣殊勝，百丈禪寺重建這個祖庭七年的時間，所有的大眾能夠在開光之前參與這場殊勝的水陸勝會，真的在座的各位菩薩都很有福報善緣。各位來到祖庭是有很大的因緣，既然來到這裡，我們就要放下萬緣，在禪堂裡就聽常住一切招呼，放下我執，身心自然自在，一有不如意不如法，便生煩惱，且不知煩惱何來。實際上，這是由於我們無量劫以來的習氣毛病。因此來到這裡，就一心一意把本質做好，要常提起正念。

禪宗就是功夫加見地，懂得很多佛法，能說會道，卻解救不了自己的煩惱嗎？就像《般若波羅蜜多心經》說：「觀自在菩薩，行深般若波羅蜜多時，照見五蘊皆空，度一切苦厄」，我們天天都聽、天天都念，卻仍心生煩惱，那不是經文錯誤，而是我們沒有行深般若波羅蜜，總在妄想中度過，因而無法照見五蘊皆空。

唐朝道印禪師，凡遊學人來第一句話先問：「什麼最苦？」其實不能明白是最苦的，因為沒有見性，就沒有真實的智慧，真如自性本來清淨，有了智慧便不苦。

禪宗是從釋迦佛拈花微笑而起的，迦葉到阿難，二十八祖到達摩、慧可、僧璨、道信，五祖弘忍到六祖，都是單傳的，直到六祖兩個徒弟，就是直系的青原行思還有懷讓兩個大祖師，把禪發揚出去。而懷讓祖師徒弟馬祖道一，磨磚不能成鏡，終於磨心，把心磨亮，真正照遍十方，悟性明亮，是禪真正的以心印心。百丈禪寺祖庭馬祖道一的弟子懷海禪師被馬祖捏鼻子，從三天的大哭，到三天以後的大笑開悟。為何而笑而哭，這便是禪，其實個個不無，人人本具，這些祖師走得兢兢業業，在禪修上用功，讓自己明心見性，明白心，見了性，三藏十二部全部都是講心，離開心無一法可得。

學佛就是要抓到佛的覺，我們人人都能知能覺，可是真正的體悟較稀有。有許多的祖師在這個祖庭開悟、明心見性，這裡有了他們的心地三昧耶，我們如果靜下心來，便能在工作中體驗祖師大德在這裡的不昧時刻，相印祖師明心見性的三昧。

大家有緣到此，要恪外珍惜每一個時刻，這八天七夜的時間，我們不是在工作，而是與我們的覺性在一起，是我們的本來面目在念佛。父母未生的本來面目是誰，我們從這裡去找到無生的心，無生無滅的心。我們大家有一個面目，我們一直認為它就是本來的面目，但看今生未生前，生生世世的未生前，我們還沒有結構自己前，沒有業力造型的時候，我們就擁有的那個本來面目，簡而言之就是父母未生前，哪一個是我們本來面目。我們在這裡深耕、印心，在這裡綿延我們的法喜，希望大家無爭，不貪惑，在這裡只有真心。

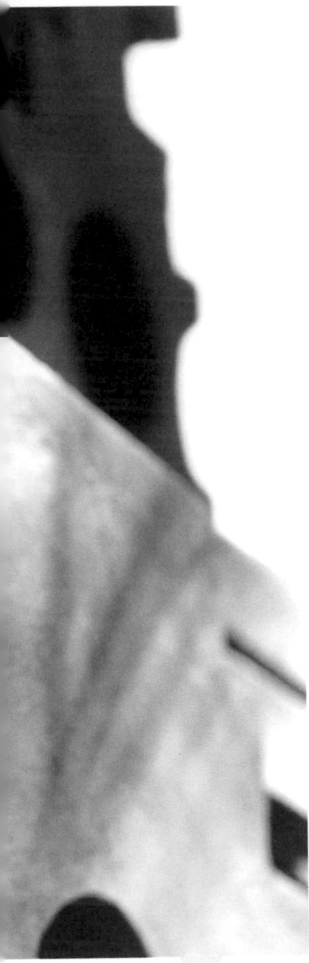

2012

耕耘善緣

我們為佛做志工，在水陸法會裡打雜，也算是佛事，因為打雜是成就一個法會最重要的角色，也叫做隨喜功德。在一個水陸大法會當中，我們必須有各種不同的分工，每一個人都是非常重要的，都是成就這個法會的元素。因為有志工的服務，功德主才能安定的拜懺，來水陸法會好好專心學習，所以你們做的雖然是打雜，事實上就是守護水陸壇城的大護法。跟著佛菩薩打雜，看到什麼做什麼，哪裡不夠就補位，不論何處都是成就佛事之所在。當我們把心轉換成清淨、安定、祥和，淨化自己，就能使壇城莊嚴神聖，即是大功德的展現。

以前在中國大陸有較多的大禪堂，每天幾千人在吃飯，志工要服務上千人吃飯，很是辛苦，所以都是成就者在服務，護持學佛者生活，使之精進成就，各位志工也是如此，可見功德殊勝。做志工是需要過去生種佛根、佛緣，善根具足，水到渠成，才有機緣到水陸做志工的。這個壇城比任何地方寧靜，也比任何地方明朗，因為我們請了上堂，二十四席諸佛菩薩和神明護法等等，與這些上善知識處在同一個空間，能感受到祂們的磁場，多麼的和諧快樂。

我們每一個人都有很多雜念，但是要學會能夠淨化它的方法，首先從發無上的菩提心開始：「眾生無邊誓願度，煩惱無邊誓願斷，法門無量誓願學，佛道無上誓願成」，以四弘誓願發願，才能夠有恆心、毅力。願力就是我們生命的走向，學習發無上的菩提心，知曉生命的真諦，便會成佛度眾生了。這個宇宙中最大的智慧者，就是佛，佛是遍一切的智，有完整的宇宙智慧知識，取之不盡，用之不竭。我們現在與參加水陸的一切有緣眾生結緣，也就是種下福田，種下成佛的因，種下智慧的泉源。

工作證

2013

三乘圓滿

今年的水陸法會特別增加「南傳壇」。靈鷲山是三乘傳承：南傳、藏傳、漢傳，現已齊備，可以圓滿教大家離苦得樂的佛法。從師父的故鄉緬甸把「原始佛教」請來，由巴利大學校長鳩摩羅尊者主法，修誦《大護衛經》。南傳是最原始的佛教，緬甸叫上座部，上座部是講究戒律、實修成就。另外一派是大眾部，喜歡弘法利生，大乘、密乘的就叫做大眾部。

南傳，以戒定慧來對治生活中的貪瞋癡，以止觀來轉換心念，使心清淨。藏傳，將我們的身口意轉換成上師、本尊、護法，我們的佛性就是上師，菩提心就是本尊，利他就是護法；主要仍以菩提心成佛為主。漢傳，主要的修持是禪，直指真心，然後真心自現來見性成佛。三乘的佛法都離不開心，成就心的圓滿。當不瞭解時，心就困擾我們，我們都在迷惑裡面所以痛苦，所以佛法的種種，就是讓我們能夠開悟「心」，心就是諸佛菩薩，心就是我們一切功德圓滿的地方。

二十年水陸，每個人都鍾鍊我們的心，水陸的時候鍾鍊不計較，我們不生氣、能發心，彼此共同來圓滿一切水陸功德，讓人人法喜、各個歡欣，回去以後都可以得到菩提心的真正感動。我們在這裡，共同鞏固我們的菩提心，鞏固我們的三善業，去除我們的三惡業，這地方的快樂是我們共同釀造的，謝謝大家、感恩大家！希望我們繼續造福無盡的快樂給一切眾生。

物質世界總是患得患失，再大的誘惑也是短暫的，再大的快樂到晚上就寂寞了，當事物生起又滅去，我們很容易就落寞、無感，對自己的生命不珍惜。所以大人、小孩都要做佛法的傳承，活得有意義、快樂，找到生命的價值跟目標，我服務人人、人人服務我。每一份福氣是從服務來的，一切的成功不全是自己可以做到的，是很多人替你成就，而之所以有人能幫助你，都是因為過去結好緣。佛法可以滿足我們一切順暢、如意、富貴人生，這份發心就從當下做起，當下就是播種的時間。

2015

實相莊嚴

靈鷲山水陸壇城，從一個冷清的巨蛋，被我們整理出這麼莊嚴、熱鬧、這樣美好的感覺，這一切都是大家努力出來的。創造佛國淨土、發菩提心，從點點滴滴的人事物累積善業功德，成就像阿彌陀佛世界那樣的莊嚴美好，都是靠我們的願力成就的。所以做任何事情都要有願力，有愛心，都要非常的喜悅，非常嚴謹，最重要的是我們虔誠的心，創造出好的果報。

二十二年了，我們創造出一個水陸的淨土，這是從新一代佛子的祖輩或父母輩就努力傳承下來的成果，這裡邊累積很多經驗、很多感想，也涵藏了許多智慧、慈悲。佛國淨土是要靠我們的感覺，悅人便能夠悅己，每一個水陸壇場的開啟，同時也啟開了一份慈愛與莊嚴。

大家現在跟著我行菩薩道，離證阿羅漢還需要一番地努力。阿羅漢是斷生死、了煩惱，到達無生滅的涅槃。所謂無生滅的涅槃，就是心不再製造問題，心不再生滅。心要不生滅，就要離開相的牽扯。心有相，所以會生滅，心要無相，就要靠戒。

戒是攝，收攝；定就是從戒收攝到安定下來；從安定下來啟開很多的思惟，啟開究竟的覺醒，就是智慧，這就是戒、定、慧。修行要靠不斷的薰陶，養成一種慣性，時刻都要覺醒，回到薰陶清淨無染的心。其實心本來就不會生滅，因為我們沒有去察覺它，沒有回到心的本質，所以一直在製造生滅。因此我們要坐禪，可以坐九分鐘禪，慢慢離開相的環扣，回到心離相，就會證得一果、二果、三果。

學佛法，常是從同學、家族、寺廟環境、佛法生態中衍生雜七雜八的煩惱，放不下，因此被這些煩惱圍繞、困擾著，當太習慣處在紛擾雜染裡面，就無法體會佛菩薩那種清淨無染的感覺，所以要禪修，才能夠漸次的離開相跟心的糾纏，慢慢從相裡面出離，不在相上生滅。我們的生死就是相的關係，這個身體是因果而來的，因果就是記憶體，就是基因學，就是前因後果，前面造什麼，今生得什麼。

我在十一面觀音閉關的時候，常跟小動物在一起，牠們也很喜歡找我麻煩，不過我也滿接受的，這一次果蠅特別多，一堆果蠅跟我一起共修。這些生命跟我們一樣，小小的，也怕死，也知道友善，牠們和人之間的關係，是利用觸感，得知你的態度，牠們也會有相應的態度。牠們之所以形成不同樣態的生命體，是因為不同的業緣，所謂四生九有，四生就是：胎、卵、化、濕。胎，就是胎生的生命；濕，就是從水氣的環境所出生；卵，就是像蛋一樣的細胞結構；化，就是只要有成熟的元素，結合想識，牠就會形成，像毛蟲變化成蝴蝶，牠必須要冥想，跑到一個乾燥的地方，然後結了網繭，不要被打擾破壞，幾天後就會孵化出蝴蝶。牠是一個轉換，化成蝶後，牠已失去身為毛蟲的記憶，輪迴成蝴蝶。我們整個生命就是胎卵化濕，不同的業緣產生的。《金剛經》裡有提，從四生產生九有，九有就是九種存有，「有想」是一種生命，「無想」也是一種生命，「非有想」、「非無想」乃至「非想非非想」也都是生命。

平常沒事的時候，你去觀察這些大自然的東西，就能體會生命、發現生命，然後知道一切都是心造作出來的。心的造作是從你的習慣、福報而來，福報大，造的東西就非常寬廣。螞蟻就是福報很小，牠的身體不大，牠的生活圈不大，牠就是在這個圈圈裡面生存，人的範圍就很大，可以全球跑。這些叫做善業聚集，善業不夠，你沒辦法累積成為一個人的身體，人的身體是有很多的生命組合的，每一個細胞就是一個生命，你可以在這個細胞的生態裡讓靈性翱遊，相依相存。這些就是輪迴記憶，所以要學習佛法的智慧，才能夠脫離輪迴的變化。

水陸就是造福自己，也造福所有有緣的眾生，大家能夠每年報名參加，慢慢的開發智慧、慢慢累積福德，這樣生命就是叫做善業相續、淨念相續。淨念相續，你就能夠出離，善業相續，你就有好的福氣，這是宇宙真理，不會變的道理。不管我們多麼聰明，總是離不開善業、惡業，所以超越善惡業才是佛法的根本。佛教也用善惡業度化眾生，讓眾生能夠產生離惡行善，善惡業讓我們看到轉換，用善業來轉換成好的生命，用這種好的生命再轉換成菩薩、羅漢。希望我們能夠「相信因果勤行善」，每一個學習都是為利益眾生所以學習佛法。最後我們皈依，用皈依來薰陶我們，讓記憶不會把佛法僧三寶遺忘掉，每一生聆聽到，就能發心學習佛法。

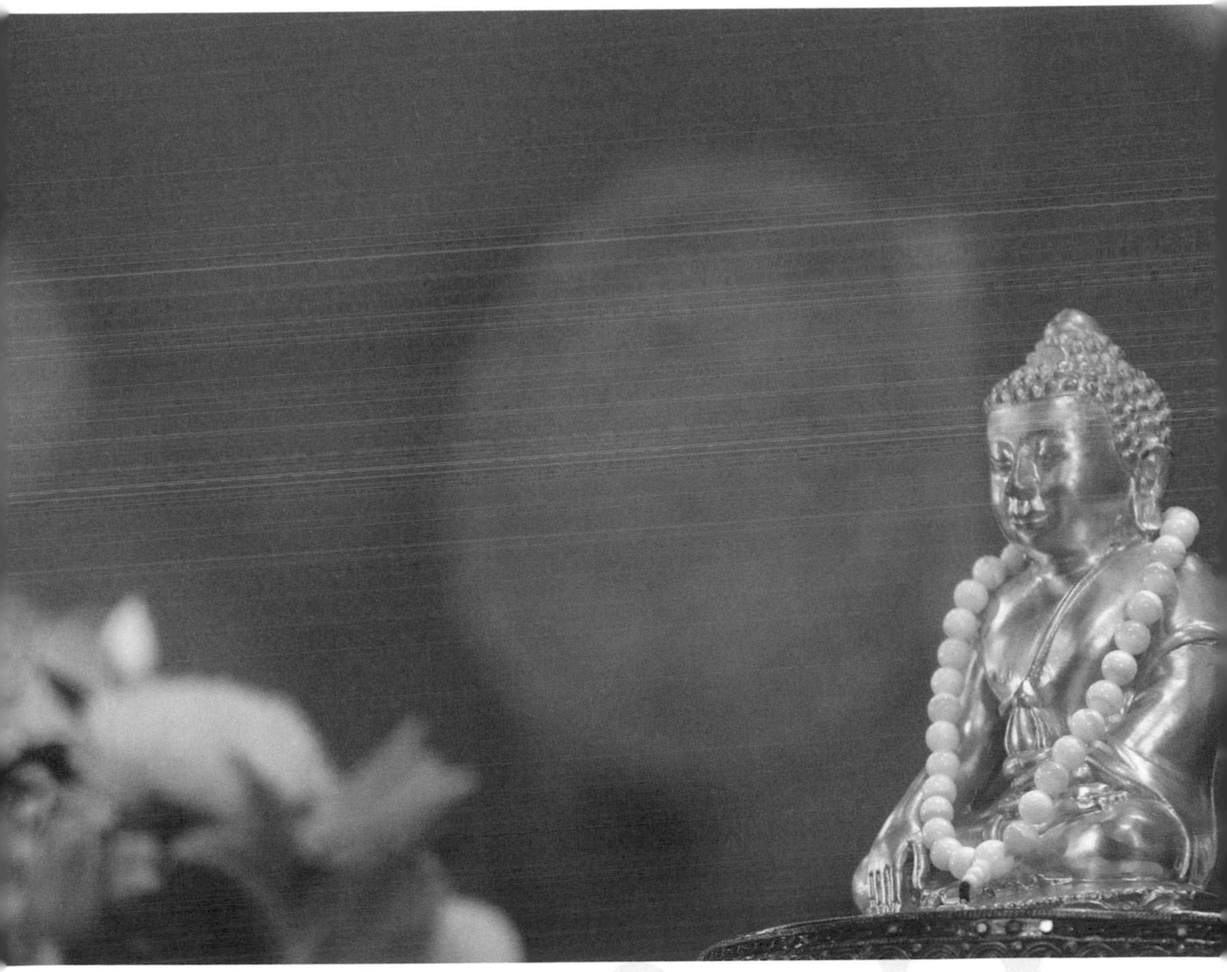

2016

無限可能

「深呼吸，合掌，放鬆，寧靜下來，讓我們的心回到原點。」這是一分鐘平安禪。如果你覺得這是一個可以讓自己很舒服的方式，不妨更深入的認識靈鷲山，跟著師父學習禪修法門。師父這裡有幾點關於學佛的概念，想對你們這群年輕佛子耳提面命。

念經是一種心靈的感應，我們的心裡對回向的人有所祝福，就會產生能量，善的能量，通達的能量，神聖的能量。你的心靈在波動時，會將自己想分享的功德傳遞出去，相應到任何一處去做連結。此外，學佛者要時時刻刻反省自己，如果看不到自己，發生什麼事情自己都不知道。佛法最重要的是覺察力，當我們反思的時候，深呼吸，合掌，放鬆，寧靜下來，把頻道轉一轉，就不再發生問題。

一個人既然已心存善念又常做好事，為什麼還需要做功課和念經呢？做好事不等於心情很好，生活要有一定的導航系統，念經和做善事時，需要一個導航系統的力量，如果早晚做功課，導航系統就有準則，為善的心念，歷久才不至於模糊。做功課，就能產生信心及力量，像師父本身做功課的自律性就很強，常在一個準則裡，去把自己該做的事做好。當我們自己還沒有產生一種絕對性的生命力量時，就要有功課這個伴侶，信仰的伴侶。

常有人跟師父反應，時下許多學佛的朋友都很固執，不懂得變通，很難溝通。其實，學佛的人一但固執，就會綁死自己，綁著自己就不會快樂。因此，學佛是要鬆綁自己的，把我們的執著與妄念都息滅了，才叫做學佛，接著就能產生正面、積極、樂觀的效益。所以，固執也是一個煩惱，去除煩惱，就是要鬆綁想法把執著的地方拿掉。《金剛經》說：「法尚應捨，何況非法。」學佛的人常碰到一個問題，就是你拿懂得的東西框自己又去框別人，皆是煩惱，要讓自己不固執，那就無所住而生其心，真正的佛法是沒有佛法。佛法講的比較屬於空，空叫做沒有，但佛法說唯心所造，唯識所顯，雖然是空，可是你起心動念就會有因果，這些因果好好壞壞就變成我們的基因，叫做記憶、想法。我們要淨化因果上的錯誤，就能夠享福。

還有人提到說，學佛提倡因果報應，很沉重，可是基督教就提倡愛，二者感覺並不一樣。其實只是宗教間的詮釋不同而已，在內涵上是一樣的。因果叫種子，是指想法，愛也是種子，是去付出幫助別人。付出在我們而言是善業，兩者其實內涵是一樣的，只是詮釋不同。此外，有個社工系的信眾說了，同學之間經常諮詢，會接收到彼此很多負面情緒。負面情緒自然是要轉換，我們常在強調，要謹遵正面、積極、樂觀的口訣，要時時刻刻把它謹記在心、盡力奉行，負面情緒自不生起，你一正面、積極、樂觀，別人也會受到感染，大家就能一起轉換負面情緒。

就像馬路有號誌指引我們方向，飛機和太空中也要有導航的系統一樣，希望年輕人能背負使命，把佛法這一份導航系統帶入生命、帶入群眾，讓更多年輕人找到方向，找到生命的意義跟價值。生命很短暫，方向弄錯，很浪費生命，方向對了，自利又能利他。

青年就是動力的意思，學佛營的青年團，你們可以生起雄心壯志，組個樂團去參加海洋音樂祭，找個天才編佛教音樂，到音樂祭去搖滾，吸引更多青年來學佛，不入虎穴焉得虎子？每一次音樂祭，我在靈鷲山上閉關時，會仔細聆聽他們在唱什麼，結果有一些的反思，年輕人的創意是可敬可佩的，歌詞寫得很有意思。其實可以深入各種地方，去傳播我們的正面、積極、樂觀系統。還有，趁著年輕品嘗生活、體驗生活。

雖然我們是學佛，但在弘揚佛法的時候，不必然用既定印象的乖乖牌形象為之。安靜乖巧的人比較少與人互動相處，活潑大方的人比較愛結交朋友，容易吸引群眾，集結成為團體。師父看到人就有精神，跟人在一起時我喜悅，因為喜悅的關係、愛團隊的關係，一看到人就想服務、想幫助。而青年就是熱心服務，熱心服務是從愛心而來，熱心服務做好，朋友就多，成為領袖人物。每一個人都要變成領袖人物，我們青年團，「大家都是老闆，老闆會做事。」佛法是活絡生命，讓我們的生命有能量，所以學佛不要學死，要學得活活潑潑的，學得熱愛生命，能夠服務生命。或許，我們也可以組一個樂團，四處表演，融和佛法於其中，這是可以嘗試做的，青年有無限可能。

靈鷲山國際青年團
LING JIOU MOUNTAIN INTERNATIONAL YOUTH GROUP

國家圖書館出版品預行編目（CIP）資料

唯信：心道大和尚水陸開示集 /
作者 / 心道法師，──初版── 新北市：靈鷲山般若出版
2019.08　面；　公分

ＩＳＢＮ── 978-986-97888-2-3
1. 佛教法會

作者 / 釋心道
總策劃 / 釋了意
主編 / 釋寶欣
責任編輯 / 鄭芷芸 ・ 汪姿郡
封面設計 / 黃欣平
內文設計 / 王鳳梅
封面畫作藝術家 / 周舟

發行人 / 陳惠娟
出版發行 / 財團法人靈鷲山般若文教基金會附設出版社
地址 / 23444 新北市永和區保生路 2 號 21 樓
電話 / (02)2232-1008
傳真 / (02)2232-1010
網址 / www.093books.com.tw
讀者信箱 / books@ljm.org.tw
總經銷 / 飛鴻國際行銷股份有限公司
法律顧問 / 永然聯合法律事務所
印刷 / 東豪印刷事業有限公司

劃撥帳戶 / 財團法人靈鷲山般若文教基金會附設出版社
劃撥帳號 / 18887793
初版一刷 / 2019 年 8 月
定價 / 280 元
ＩＳＢＮ/ 978-986-97888-2-3